Das Buch

Was ist, wenn das Leben von einem Tag zum nächsten eine andere Richtung nimmt? Wenn plötzlich die Frage im Raum steht: Warum gerade ich?

Es wird wohl keine Antwort geben, wenn sich der Blick nicht richtet über die Grenzen des Daseins hinaus. Doch das ist vielleicht schon ein Teil der Antwort selber: Dass wir auf Welten gewiesen werden, aus denen wir kommen und zu denen wir zurückkehren. Es ist ein Weg, auf dem wir zu anderen Menschen werden, als wir es waren.

Aktuell geht es um eine Krankheit, die zuerst als Bagatelle eingestuft wird und dann als eine Katastrophe sich herausstellt, bei der die Medizin nichts mehr „zu bieten" hat. Trotzdem wird eine Behandlung durchgeführt, die zwar perfekt ist, aber den Menschen auf nichts anderes als ein schadhaftes System reduziert, das zu reparieren ist. Bis kaum noch etwas übrigbleibt von ihm und das Experiment abgebrochen wird.

Dass das Leben danach doch weitergeht in einer Umgebung der liebevollen Pflege, ist eine Gnade des Schicksals. Die dadurch erlangte innere Entwicklung ist vielleicht größer, als sie sonst in Zeiten äußeren Wohllebens möglich gewesen wäre. Im Frieden mit sich und der Welt kann das Kommende angenommen werden.

Der Autor

Vater von sieben Kindern. Alleinerziehend, aber nicht aus freien Stücken. Lebt mit seiner Familie in der Abgeschiedenheit, in der er sich zum Multitalent auszubilden hat als Koch, Chauffeur, Allesbastler und Erzähler von Gute Nacht-Geschichten. Neigt zu Beschaulichkeit, doch das Leben will es anders

Klaus Dietze

Zwischen zwei Welten

Passion

eines jungen Mädchens

mit ihren Tagebuchaufzeichnungen
und 12 Skizzen

Bibliografische Information der Deutschen Nationalbibliothek: Die Deutsche Nationalbibliothek
verzeichnet diese Publikation in der Deutschen
Nationalbibliografie; detaillierte bibliografische
Daten sind im Internet über dnb.d-nb.de abrufbar.

© 2019

Herstellung und Verlag

BoD-Books on Demand, Norderstedt

ISBN 9 783743 109391

Inhalt

1. Wieso? Was hast du bloß — 7
2. Ich habe doch noch nicht gelebt — 22
3. Warum gerade ich? — 32
4. Geben sie mir eine Chance? — 44
5. Spinnst du? Ich bin doch krank! — 62
6. Worauf soll ich mich freuen? — 78
7. Blöde Kuh! — 96
8. Ich würde lieber jetzt leben — 113
9. Wie stirbt man? — 129
10. Dürfen wir das überhaupt? — 150
11. Ich würde sooo gerne tauschen — 166
12. So wichtig ist es auch wieder nicht — 182
    Nachtrag — 199

1. **Wieso? Was hast du bloß?**

Die Sache liegt nun schon weit zurück und hätte längst vergessen sein können. Soweit zumindest, dass es nicht mehr weh tat, indem die Zeit gnädig ihren Schleier vor das Vergangene zieht. Doch geblieben war das nagende Gefühl: Warum? Warum brach die Entfaltung eines Lebens ab, das so hoffnungsfroh begonnen hatte? Nirgendwo eine Antwort, Ursache unbekannt. Achselzuckend war man hinweg geschritten.

Die Ereignisse hatten uns getroffen ohne jede Vorwarnung. Von einem Tag auf den anderen war das Leben nicht mehr, was es gewesen war. Als ob eine dunkle Gewalt, heimtückisch und unsichtbar, uns überschattete. Doch es war auch eine Zeit gewesen des Ringens um innere Reife. Melanie ging ihren Weg auf dem sie lernte, ihr Schicksal anzunehmen. Und so konnten auch wir anderen akzeptieren, was wir da hautnah miterlebten.

Eine Fülle an Erinnerungen war geblieben, Bilder aus glücklichen Tagen. Eines davon: Wir standen vor dem weit geöffneten Fenster. Draußen hatten sich die Schleusen des Himmels aufgetan und wir schauten hinunter auf den Hofplatz, wo ein kleines Rumpelstilzchen begeistert in einer großen Pfütze herumplatschte in Stiefeln und Regenzeug. Glücklich schaute es hoch zum Fenster, lachte und hob das Gesichtchen und die Arme in den strömenden Sommerregen, als wäre er das Elixier des Lebens selber: Melanie, dreijährig. So lebte sie weiter in der Erinnerung.

Äußere Zeichen ihres Daseins dagegen blieben wenige. Am ehesten waren da noch die Zeichnungen und Bilder. Sie hatte ein Talent dafür gehabt. Selbst auf Papierschnitzeln und Kartonresten waren kleine Dinge entstanden, die uns bemerkenswert erschienen, auch wenn vieles davon später nicht mehr auffindbar war und sich verflüchtigt hatte, wie sich Blüten verflüchtigen, wenn der Frühling vergeht. Warum auch nicht, es würde ja wieder neue geben.

Dann waren da noch die kleinen Zettelchen, die Briefchen mit den ersten ungelenken Schreibversuchen. Später auch Mini-Tagebücher mit herausgerissenen Seiten, die dann doch irgendwo wieder zum Vorschein kamen, Schulhefte mit Kribbeleien und kleine Aufsätze, an denen sie sich versucht hatte. So hieß es zum Beispiel:

"Als ich klein war, machten wir eine große Reise. Wir packten alles ein und fuhren los, immer weiter und weiter. Wenn wir einen Platz fanden, der uns gefiel, blieben wir ..." Es waren ihre Kindheitserinnerungen.

Weiter ging es: "Ich weiß noch, wie ich eine lange Treppe hinunterfiel und ein blutendes Knie hatte. Jemand klebte ein Pflaster drauf und ich war sehr stolz, dass ich nicht geweint hatte ... Eines Tages stand mitten in unserem Zimmer ein großer Kirschbaum voller roter Kirschen. Wir freuten uns sehr und meinten, das hätte ein Wichtelmännchen gebracht. (Es war die Nachbarin gewesen mit einem abgebrochenen Ast von ihrem Baum.) ... Als meine Schwester auf die Welt kam, hat mein Vater uns gerufen und wir durften ganz schnell unser neues Geschwisterchen anschauen. Es war erst zehn Minuten alt ... Im

Ganzen sind wir sieben Kinder, sechs Mädchen und ein Junge. Ich bin das zweitälteste."

Schon die Größe der Familie hatte dafür gesorgt, dass immer etwas los war und auch Melanie war nie verlegen gewesen um Erfindungen, die das Leben interessant machten. Zum Beispiel bastelte sie als kleine Range in der Schule eine Spannvorrichtung aus Draht und Gummi, geheimnisvoll verborgen in einem Briefumschlag. Mit unschuldigem Augenaufschlag hatte sie nach Opfern gesucht, vorzugsweise unter den Großen: "Kuck mal, wir haben einen ganz komischen Käfer gefunden!" Wenn der Betreffende ahnungslos die Nase in das Behältnis steckte zur Begutachtung, rappelte das Ding los. Während er sich von seinem Schrecken erholen musste, rannte sie kichernd davon zum nächsten.

"Einmal", schrieb sie weiter, "sah ich im Traum vor meinem Bett einen Engel. Ich rief meine Mutter und musste es ihr erzählen ... Später zogen wir um ... Dann wurden meine anderen Geschwister geboren ... Dann wurde meine Mutter krank. Es ging ihr nicht mehr gut."

Was sie damit ansprechen wollte, war das Krankenlager und der frühe Tod ihrer Mutter gewesen. Für alle von uns war es ein tiefer Einschnitt, der tiefste nur denkbare überhaupt. Sie, der Mittelpunkt unseres Lebens, hatte uns verlassen, verlassen müssen. Wir mussten uns alleine zurechtfinden.

Doch das Leben ging weiter und als Melanie sich zu ihrer Zukunft äußerte, schrieb sie: "Ich weiß noch nicht, was ich einmal werden möchte. Wenn ich mal Geld verdiene, möchte ich reisen. Ich schaue mir immer die Weltkarte an. Ich möchte etwas mit Menschen zu tun haben. Vielleicht armen Leuten in

Afrika oder Südamerika helfen und ihre Kinder unterrichten oder sonst etwas."

Das war nun schon eine ganz andere Melanie und in der Praxis sah das dann manchmal so aus, dass sie sagte: "Ich will nach Amerika!"

"Du willst – was bitte?"

"Nach Amerika! Aus meiner Klasse geht auch jemand, ein ganzes Jahr!"

"Das ist etwas ganz anderes. Da hat eben einer einen reichen Onkel da."

"Und meine Tante Renate? Die hat gesagt, ich soll sie einmal besuchen in Amerika!"

"Die ist nicht reich. Außerdem hat sie viel zu viel zu tun, um dich die ganze Zeit zu hüten."

"Phöhh, hüten! Braucht sie gar nicht! Ich kann alleine ..."

"Ich weiß nicht, ob man mit dreizehn schon alleine in Amerika rumlaufen sollte – – was? Gemein? Also gut, Frollein, fahr los, aber das Geld dafür verdienst du dir selber! Ich in deinem Alter ..."

"Ach, immer du mit deinem Alter!" Weg war sie. Aber man war nie sicher, ob die Meinungsverschiedenheit damit ausgestanden war. Sie konnte zäh sein.

Einmal wollte ich sie nicht an eine spätabendliche Party lassen. Nicht lange und eine Aufforderung flatterte ins Haus: Lieber Herr Soundso, wir brauchen Melanie unbedingt für unsere Party. Vielen Dank, dass sie kommen darf. 30 Unterschriften, Freunde und Klassenkameraden. Sie hätte auch doppelt so viele aufgetrieben, wenn es hätte sein müssen.

Zum Wohnen hatten wir ein altes, abseits gelegenes Bauernhaus gefunden, das die Umgebung bot, in der wir zu uns selber kamen. Der Schulweg der Kinder war von dort aus sehr weit, aber das wurde für sie bestens aufgewogen durch die Netzkarten der Bahn, mit denen sie freie Fahrt hatten auf allen Strecken. Sie fuhren damit nicht nur zur Schule, sondern kreuz und quer durch die ganze Gegend, bis dann am Abend die letzten wieder eintrafen am Bahnhof, von dem sie abgeholt werden wollten mit dem Auto.

Sie kosteten schon früh Freiheit und Selbstständigkeit und es ging nicht lange, bis Melanie endgültig erwachsen werden wollte. Wie sie sich das vorstellte, zeigten andere Tagebuchnotizen: "Am Freitag machen wir eine Party! Ich war heute in der Stadt und habe mir ein lässiges T-shirt gekauft. Dazu noch ein rotes Halstuch und den neuen Haarschnitt. Das sieht bestimmt toll aus. Ich hoffe jedenfalls. In letzter Zeit schaue ich viel den Jungens nach. Aber sie sehen mich gar nicht, vielleicht scheine ich so klein und kindisch. Oder ich bin nicht hübsch ... Manchmal beneide ich die anderen, die kriegen mir nichts dir nichts jemanden, während ich mir furchtbare Mühe geben muss, dass mich überhaupt jemand ansieht. Vielleicht ist das auch, weil ich mich wie ein Junge benehme und manchmal ein bisschen rabiat bin. Vielleicht haben Jungens Mädchen gerne, die immer verlegen sind oder nie ihre Meinung sagen. Ich sage meistens, was ich denke und benehme mich manchmal ("manchmal" umgeändert in "manchviel") unweiblich. Da bin ich selber schuld. Aber ich hasse es, wenn die Jungens immer meinen, sie können machen mit uns, was sie wollen. Vielleicht haben sie irgendwie ein bisschen Angst vor mir, weil sie mir keinen Eindruck machen. Aber eigentlich schätzen sie selbstsichere Mädchen, sie wollen es nur nicht zugeben."

Später, an anderer Stelle: "... Dann haben wir Polo kennen gelernt ... Er wollte mit mir gehen ... Das war heiß ... ja, ja die Jungs ... Oh, wie bin ich doof! ... Seit ich das erlebt habe, bin ich gar nicht mehr so scharf auf sie."

In der Schule kam sie flott voran. Auch bei den Hausaufgaben fragte sie nie um Hilfe, außer vielleicht einmal bei kniffligen mathematischen Problemen. Doch sie nahm einem schon bald die Sachen wieder aus den Fingern und sagte: "Ich sehe, du kannst es auch nicht!" Man zermarterte sich den Kopf, aber es dauerte ihr zu lange.

Gab es Zeugnisse, wusste man schon vorher, wo jeder seine schwachen Stellen hatte. Nur bei ihr war nicht viel zu beanstanden. Gute Leistungen waren weiter nicht der Rede wert, fand sie, eher schon die Unzulänglichkeiten, besonders die der anderen. Ein alter Wunsch von ihr war, die Klasse anzustiften, den Lehrern selber einmal ein Zeugnis zu schreiben, schön ausführlich. Ob das dann so schmeichelhaft ausgefallen wäre wie ihr eigenes, wäre fraglich gewesen.

Der Sommer kam, in dem Melanie sich eine Stelle suchte als Aushilfe in einer anderen Familie. Sie wollte etwas Neues kennen lernen und das möglichst weit weg. Für die Dauer der Schulferien verließ sie uns.

Selber unterwegs an dem Tag, an dem sie abreiste, ließ es sich einrichten, dass wir ein Stück weit die gleiche Strecke fuhren mit der Bahn. Als wir uns im Zug gegenüber saßen, konnte ich sie noch einmal in aller Ruhe anschauen und fragte, wie man sich denn so fühlte, endlich auf eigenen Füßen? Es ginge, sagte sie.

Was sie denn so am neuen Ort zu tun hätte, Kinder hüten? Das konnte sie doch zuhause genauso haben.

Sie zuckte die Achseln und viel war aus ihr nicht herauszubringen. Vielleicht wollte sie nicht zeigen, wie stolz sie war auf ihre ersten Schritte ins Erwachsensein, lässig wie man sich gab in dem Alter. Aber irgendwie machte sie einen seltsamen Eindruck. Etwas schien mit den Augen nicht zu stimmen. "Lass mal sehen, ist da etwas nicht gut?"

"Wieso? Was hast du bloß?"

Das aber wusste ich nach eingehender Betrachtung auch nicht. Vielleicht lag es ja nur an einem kleinen Rückfall in elterliche Überbesorgtheit, obwohl mir sonst Zurückhaltung einigermaßen gelang. Melanie machte eine unbestimmte Handbewegung, als ob sie eine Fliege wegwedelte, und es war ja wohl auch nichts gewesen.

Der Zug erreichte die Stadt, in der sie erwartet wurde. Ich stieg ebenfalls aus und ging mit ein paar Schritten Abstand hinter ihr her, um nicht wie ein Aufpasser auszusehen. Mein Angebot, ihre Reisetasche zu tragen, hatte sie abgelehnt. In der Bahnhofshalle löste sich aus der Menschenmenge eine elegant gekleidete Frau und kam auf sie zu. Sie wechselten einige Worte und ein Lächeln zeigte, dass sich die Richtigen gefunden hatten. Es war offensichtlich, dass man sich keine Sorgen zu machen brauchte. Sie kam in gute Hände und in gediegene Verhältnisse. Beiläufig erfolgte auch meine Vorstellung: "Mein Vater."

Es war eine Woche später, als sie anrief, sie könne nicht mehr richtig sehen. Ihre Stimme klang kläglich, aber das musste nicht unbedingt etwas sein, dem viel

Bedeutung beizumessen war. Wurde man erwachsen, musste man auch lernen, mit kleinen Unpässlichkeiten selber fertig zu werden.

Setzte sie sich am neuen Ort Belastungen aus, denen sie nicht gewachsen war? Nein, sie hatte die Kinder der Familie gehütet und war zum Schwimmen gewesen mit ihnen. Sehr wohlerzogene und liebe Kinder, wie sie betonte. Was also war es denn genau? War es ein Augenflimmern; hatte sie einen Sonnenstich? Hätte sie nicht, sagte sie, aber irgend etwas stimme einfach nicht! Vielleicht doch zu viel Sonne, tröstete ich. Es würde sicher wieder besser werden.

Doch es wurde nicht besser, sondern schlimmer. Sie fing an, alles doppelt zu sehen. Sie konnte sich nur noch orientieren, wenn sie ein Auge zuhielt. Bei einem Telefongespräch mit der Frau des Hauses kamen wir überein, sie möge das Mädchen zu einem Augenarzt bringen.

Der Arzt rief am nächsten Tag an: Melanie hat eine Abduzensparesie. Er übersetzte: eine Augenmuskellähmung. Die Ursache war unklar. Er überwies sie zur Abklärung an das Universitätskrankenhaus.

Einige Tage später wurde von der neurologischen Abteilung ein Untersuchungstermin zugeteilt. Es waren noch zwei Wochen bis dahin, und was gedächte Melanie solange zu tun? Am Telefon war sie hin- und hergerissen, ob sie bleiben sollte oder nicht. Als sie sagte, sie könne fast nicht mehr alleine über die Straße gehen, sprach das dann doch entschieden für ihre Rückkehr, auch wenn man sich sonst unter einer Abduzenzparesie nicht viel vorstellen konnte.

"Aber die Familie hat mit mir gerechnet! Sie haben zu tun, die Kinder wären ja allein, das geht doch nicht!"

Ob sie denn überhaupt in der Lage wäre, sich um sie zu kümmern, wenn sie solche Schwierigkeiten hatte?

"Nein... nicht so recht..."

Dann solle sie heimkommen! Die Familie würde sicher nach Ersatz suchen. Im Fahrplan ließ sich ein passender Zug für sie finden. Am Abend kam sie. Schon auf den ersten Blick fiel auf, dass sie schielte.

Es wurden zwei Wochen, in denen nicht viel zu sehen war von ihr. Obwohl sie zu den gemeinsamen Mahlzeiten kam, war sie wie abwesend und beteiligte sich nicht an Gesprächen. Früher hatte sie Bemerkungen aufgeschnappt und schlagfertig zurückgeworfen, dass es spritzte; nun saß sie still und in sich gekehrt da.

Sie zog sich zurück in ihr Zimmer im oberen Stockwerk. Tat sie da überhaupt etwas? Was machte sie den ganzen Tag?

"Siehst du doch!"

Man sah, dass sie las. Was war es denn Gutes?

"Nichts!"

Was, nichts? Sie hatte doch ein Buch vor sich! Konnte sie überhaupt lesen mit ihren Augen?

"Aus der Nähe gehts."

Was es war, ließ sich nicht erkennen, aber es interessierte mich.

"Du störst."

Auf die neuerliche Frage, ob man es denn nicht doch sehen dürfte, zeigte sie unwillig den Umschlag. Potz, wo hatte sie das nur aufgetrieben, schwere Kost von Krieg und anderen Unannehmlichkeiten? Musste man das gerade jetzt lesen? Davon konnte man ja trübsinnig werden!

"Bin ich schon."

Na also, da musste man doch nicht ...
"Du störst!"
Wahrscheinlich war es ganz normal, dass fünfzehnjährige Töchter sich von Vätern gestört fühlten, aber die Angelegenheit fing doch an, mir Sorgen zu machen.

Am Tag der Untersuchung im Universitätskrankenhaus wollte sie zum Bahnhof gebracht werden. Sie machte einen verlorenen Eindruck, als sie auf den Zug wartete, aber sie hatte darauf bestanden alleine zu fahren. Als sie am Abend wieder abzuholen war, sah sie noch verlorener aus. Es wäre mühsam gewesen, sagte sie, schon die Suche nach dem richtigen Ort. Der Großbetrieb des Krankenhauses mit der Empfangshalle und den Informationstafeln, die auf Dutzende verschiedene Gebäudetrakte und Abteilungen verwiesen, hatte sie verwirrt.

Doch zur Untersuchung war sie pünktlich zur Stelle gewesen und hatte ein umfangreiches Programm absolvieren müssen. Eine Ärztin hatte Reflexe und Koordinationsvermögen geprüft und dann wurde sie liegend, mit dem Kopf voran, in eine große Maschine geschoben. Sie versuchte sich zu besinnen: "Computer ... irgendetwas ..."

Tomograph! Es wäre also eine gründliche Abklärung erfolgt, war meine Vermutung. Das konnte nur von Vorteil sein.

"Sie machen Bilder damit. Aber wofür?"

Computer-Tomogramme ließen krankhafte Veränderungen erkennen. Die Ärzte hatten es genau wissen wollen. Hatten sie denn nichts gesagt?

"Sie wollen morgen nachmittag anrufen."

Etwas später läutete das Telefon. Es war Melanies

Patentante, die sie zu sich einladen wollte. Das Telefon befand sich im Zimmer neben der Küche. Melanie stand am Spülbecken und machte den Abwasch. Ich schloss die Türe und erklärte, dass sie gerade von einer Untersuchung zurück war.

"Aber es ist doch hoffentlich nichts Schlimmes?", fragte die Patin.

"Etwas mit den Augennerven. Sie haben ein Computer-Tomogramm gemacht."

"Macht man das sonst nicht bei Tumorverdacht?"

"Sie wollten wohl sichergehen, dass es kein Tumor ist."

Das Geschirrklappern hatte aufgehört. Nach dem Auflegen des Hörers und dem Öffnen der Türe stand Melanie da, kreidebleich. Sie musste mitgehört haben. Sie kam mir hinterher in mein Zimmer, zitterte am ganzen Körper und konnte nur mit Mühe die Fassung bewahren. "Was hast du gesagt? Was hast du am Telefon gesagt? Was – hast – du – gesagt?" Betroffen von der losbrechenden Verzweiflung, war ich ganz durcheinander. "Ich habe doch gehört, was du gesagt hast! Tumor!!" Sie schluchzte.

"Aber die Ärzte hatten doch nur sichergehen wollen, dass es kein Tumor ist! Deswegen das CT! Hatten sie das denn nicht erklärt?" Das konnte doch nur eine fixe Idee sein, in die sie sich da hineinsteigerte! Wenn das Untersuchungsergebnis vorlag, würde sicher wieder alles in Ordnung sein.

Sie hörte gar nicht zu, hingeworfen über mein Bett, schluchzte hemmungslos und wollte sich nicht beruhigen lassen.

Am Morgen sah sie nicht aus, als ob sie viel geschlafen hätte. Sie aß fast nichts zum Frühstück und konnte ihre Erregung kaum verbergen. Als sie mich draußen bei meiner Arbeit aufsuchte und plötzlich neben mir stand, sagte sie gequält: "Bitte – wenn das Telefon kommt – nimmst du es ab?"

Natürlich! Aber es war doch noch lang bis zum Nachmittag. Ob sie nicht etwas tun wollte, zeichnen zum Beispiel? Wenn sie die Ruhe dazu fand, entstand jedes Mal etwas Schönes; es hätte sie abgelenkt.

Aber zu dem konnte sie sich nicht aufraffen, noch zu etwas anderem. Alles vibrierte an ihr. Erst später fragte sie, ob sie mir helfen könne. Gerne! Die Arbeit hätte sowieso schon längstens gemacht sein sollen, alte Farbe war abzuschleifen. Wenn wir zügig arbeiteten, konnten wir bis zum Abend fertig sein.

Wir nahmen das Werk gemeinsam in Angriff und arbeiteten Schulter an Schulter. Nicht lange und ihre Bewegungen wurden matter. Sie ruhte kurze Zeit aus, um dann hektisch einen neuen Anlauf zu nehmen, als müsse sie sich selber etwas beweisen. Bald verlief auch das im Sande. Ihre Atmung ging flach und stoßweise, als wäre sie innerlich wie zusammengeschnürt. Sie konnte ihre Erregung nicht mehr unter Kontrolle halten, gab das Arbeiten auf und lief ruhelos umher.

Nach dem Mittag zuckte sie jedes Mal zusammen, wenn das Telefon läutete. Zuerst war es falscher Alarm, doch bei einem neuerlichen Läuten wussten wir instinktiv, dass es der erwartete Anruf war. Blass stand sie da und umklammerte meinen Arm, wie um mich zu hindern, den Hörer abzunehmen. Ich bat sie hinauszugehen. Mir konnte etwas durcheinander geraten und ungeschickte Fragen von mir hätte sie vielleicht nur missverstanden. Sie musste noch einmal gedrängt werden, mich alleine zu lassen, bevor sie schwankend hinausging.

Am Apparat war die Ärztin von der Neurologie, die Melanie untersucht hatte. Sie erklärte den Befund. Es handelte sich um den harmlosen Fall einer lokalen Hirnhautreizung, um einen kleinen entzündlichen Prozess, der den Sehnerv in Mitleidenschaft gezogen hätte. Etwas irritierend vielleicht, sagte sie, aber es ginge vorbei. Melanie brauche sich nicht einmal besonders zu schonen und solle auch die Schule nicht versäumen deswegen. Na also! Unglaublich, wie einfach sich das Problem in Luft auflöste.

Selbstverständlich war abgeklärt worden, ob etwas vorlag, das auf einen Tumor hinwies. Im Computer-Tomogramm hatten sich keine Anhaltspunkte dafür gezeigt, also gäbe es auch keinen Grund für weitere Abklärungen, außer dass sie überwiesen würde an die Augenklinik. Mit einem "Kein Anlass zur Sorge!" war das Gespräch zu Ende.

Draußen war es hochsommerlich schwül. Melanie stand hinter der Hausecke und schaute mir entgegen wie ein verwundetes Tier mit weit aufgerissenen Augen. Sie machte keine Bewegung, nur ein unterdrücktes Zittern überschauerte sie. Noch bevor es mir möglich war etwas zu sagen, flog sie plötzlich auf mich zu, warf die Arme um meinen Hals und fing herzzerreißend an zu weinen. Wie war ihr auf diese Art die frohe Botschaft nur mitzuteilen? Ihre Angst brach mit solch elementarer Gewalt durch, dass man nicht zu Worte kam.

Irgendwann war es dann doch gesagt, auch wenn die Ansätze dazu unterbrochen wurden von Schluchzen. Die Tränen versiegten und sie starrte mich ungläubig an. In ihren Augen spiegelte sich der verzweifelte Wunsch es zu glauben und gleichzeitig immer noch tiefes Entsetzen. Wieder und wieder musste es gesagt werden.

Dann auf einmal hatte sie begriffen und ein jäher Freudentaumel schoss in sie. Sie sprudelte über von einem Dutzend Plänen, die sie aufs Mal machte und konnte sich kaum fassen. Sie ließ mich los und sprang die Treppe hinauf um zu packen und loszufahren, auf der Stelle, gesund wie sie war, Ferien!

Eine halbe Stunde später allerdings war doch nichts zu sehen von ihr. Oben in ihrem Zimmer hatte sie die Reisetasche hervorgesucht, aber gepackt war nichts. Die Begeisterung war erloschen wie ein Strohfeuer. Anteilslos saß sie inmitten umher liegender Kleider und Gegenstände auf dem Boden.

Am Abend telefonierte sie mit ihrer Patin. Die Türe war nur angelehnt. Im Vorbeigehen war zu hören, wie sie gerade mit brüchiger Stimme sagte: "... ja – im Krankenhaus haben sie gesagt, ich hätte keinen Tumor."

An einem der nächsten Tage kehrte sie von der Augenklinik zurück und kam mit einer schicken Sonnenbrille auf mich zu. Hochstimmung heute! "Super, was! Ich kann wieder richtig sehen!", sagte sie, als wir im Auto saßen.

Wieso? Das war doch eine normale Sonnenbrille. Was sollte daran so super sein?

"Da haben sie was mit gemacht! Die hat ein Prisma!"

Ein was? Aus den Augenwinkeln war zu sehen, dass eines der Gläser viele parallele Linien aufwies und als wir auf die Nebenstraße zum Haus einschwenkten, sollte sie die Brille einmal herüberreichen: "Zeig mal her!"

Beim Aufsetzen löste sich mir das Blickfeld auf in ein Wirrwarr von Linien und Flächen, in denen ein Hindernis aufzutauchen schien, direkt voraus. Das Lenkrad herumreißen und auf die Bremse treten, war eins. Der Wagen kam quer zur Fahrtrichtung zum Stehen. Nein aber auch! Was für ein Teufelsding von Brille!

Doch weit und breit kein Hindernis und kein Verkehrsteilnehmer. "Was ist denn los?", meinte sie. "Ich kann damit gut sehen."

Schleierhaft das Ganze, wahrhaftig, aber zum Glück war nichts passiert.

2. Ich habe doch noch nicht gelebt!

Als die Ferien zuende gingen, war es fraglich, ob ein regelmäßiger Schulbesuch für Melanie möglich war. Das Schielen hatte sich verstärkt und die Brille nützte nicht mehr viel. Trotzdem ging sie zur Schule und stieg am Morgen mit ins Auto, wenn das Grüppchen zum Bahnhof gefahren werden wollte.

Bei einem Gespräch mit dem Hausarzt bezweifelte er die Aussagekraft des CT, des Computer-Tomogramms, aber auch die Diagnose insgesamt. Ein MRI, eine Magnet-Resonanz-Untersuchung, würde genauere Bilder liefern von eventuellen unguten Veränderungen. Der technische Aufwand wäre größer und deshalb hielten sie zurück damit, vermutete er. Melanie klagte jetzt zusätzlich noch über einen seltsamen Druck im Kopf.

Zwei Wochen nach Schulbeginn waren die Kinder bei ihrer Tante eingeladen. Im Garten saß das Jungvolk und verhandelte munter die lokalen Neuigkeiten. Melanie hielt sich abseits und wollte alleine bleiben. Zurückgelehnt saß sie in einem Gartenstuhl. Sie sah verändert aus, als sei sie erwachsen geworden. Gedankenverloren gingen ihre Blicke durch uns hindurch.

Am nächsten Tag kam sie von der Schule mit starken Kopfschmerzen. Sie legte sich hin.

Am übernächsten stand sie nicht mehr auf und war nur noch ein Häufchen Elend. Sie bat um ein Schmerzmittel, was sie sonst noch nie getan hatte. Nach Rücksprache mit dem Arzt konnte es von der

Apotheke geholt werden. Den Rest des Tages verbrachte sie in dumpfem Halbschlaf. Am Abend wurde sie wacher, aber auch die Schmerzen nahmen zu.

"Du musst mir noch eine Tablette geben!"

Zu hohe Dosen des Schmerzmittels waren eigentlich zu vermeiden, aber sie stöhnte: "Ich halte es nicht mehr aus!" Sie bekam die Tablette und legte sich wieder hin.

In der Nacht kamen langsam Schritte die Treppe herunter. Die Stufen knarrten. Dann hörte es sich an wie ein Entlangtasten an den Wänden. Das Geräusch war jetzt in der Küche – stockend. Die Türklinke zum Zimmer bewegte sich. Ein Griff zum Lichtschalter: In der Türöffnung lehnte Melanie. Ihr Gesicht war entstellt. "... ich habe – so – schreckliches – Kopfweh."

Sie wankte durch das Zimmer, erreichte mein Bett und sank zusammen. Sie hielt sich den Kopf und vergrub mit einem erstickten Aufschrei das Gesicht in die Decken. Ich richtete sie auf, gab ihr in fieberhafter Eile eine weitere Schmerztablette und hielt sie fest, dass sie nicht umfiel.

Doch die Wirkung blieb aus. Eine Stunde verging und sie musste immer noch in der gleichen Stellung gehalten werden. Bei jedem Versuch, sie an die Wand gegen ein Kissen zu lehnen, wurde ihr Wimmern zu einem schrillen Schreien. Offensichtlich ertrug sie keine Veränderung ihrer Lage, konnte sich aber alleine auch nicht aufrecht halten und musste den Kopf auf meine Schulter stützen. Sie vibrierte am ganzen Körper und versuchte etwas zu sagen. Nach dem, was sie stammelte, musste in ihrem Schädel ein Hämmern sein bis zur Unerträglichkeit, und gleichzeitig reißende Krämpfe, die von der Nackengegend ausstrahlten. Wenn sie manchmal nachließen, setzten sie gleich darauf umso vehementer wieder ein. Nur ein vorsichtiges Massieren von Kopf und Nacken schien ein wenig Linderung zu bringen.

Früh am Morgen war das Erste der Griff zum Telefon, aber es hieß, dass an einem Wochenende keine Möglichkeit bestünde zu größeren Abklärungen. Wenn irgend möglich sollten wir versuchen zu warten bis zum Wochenbeginn. Vielleicht, indem wir kurzfristig die Schmerzmitteldosis erhöhten. Das war allerdings nicht mehr nötig: Melanie lag da wie ausgebrannt, aber ohne Schmerzen.

Während des Tages stand sie mehrere Male auf und tat einige Schritte, bevor sie sich wieder legte. Sie war bleich und still und wusste selber nicht, ob ihr nächtliches Erlebnis nur ein Albtraum gewesen war oder der Vorbote von etwas Böserem. Am Abend wollte sie bei mir bleiben. Sie hatte Angst.

Noch während wir sprachen, setzten die Schmerzen mit solcher Heftigkeit ein, dass sie nur mit Mühe zum Bett zu bringen war. Ihre Fingernägel verkrallten sich in mich und ihre Schreie gingen über in einen schrillen Dauerton. Als der Anfall ein wenig nachließ, lehnte sie mit hilflosem Weinen den Kopf gegen meine Schulter. Die Atmung war flach und schnell und das Ausatmen ein Stoß nur, nicht länger als ein Lidschlag. Dann überfiel sie die schädelsprengende Gewalt von Neuem. Sie biss die Zähne zusammen, dass sie knirschten. Jede kleine Bewegung schien den Zustand noch zu verschlimmern. Sie hielt sich stocksteif, ihr Gesicht verzerrte sich in krampfhafter Anspannung und so klammerte sie sich an mich.

Sie musste in ihrer sitzenden Stellung gehalten werden, so gut es ging. Zwischen den Anfällen wimmerte sie: "... hilf mir, bitte, bitte, hilf mir doch ..."

Tränen liefen an meinem Hals entlang. Doch was blieb übrig, als sie bitten durchzuhalten bis zum Morgen? Alles nur Erdenkliche sollte dann für sie getan werden.

Nur verging die Zeit so hoffnungslos langsam, dass wir verzweifelten, das Ende des Tunnels jemals zu erreichen. Sie kämpfte sich von einem Augenblick zum nächsten und knirschte mit den Zähnen. Sie hatte ihren Kopf auf meiner Achsel zu liegen und schwankte vor Müdigkeit und Erschöpfung. Unsere Kleider waren klatschnass von Schweiß und wir hatten eine Decke um uns geschlungen, die uns warm halten sollte.

In den endlosen Stunden der Nacht fielen mir die Augen zu und mein Kopf sank vornüber, bis auch er auf ihrer Schulter lag. Gegenseitig hielten wir uns fest und dämmerten dem Morgen entgegen.

Als das erste Morgenlicht durch die Vorhänge schien, ließen die Schmerzen nach und sie konnte sachte gegen die Wand gelehnt werden. Der Hausarzt hörte sich am Telefon die Schilderung der Nacht an und rief zehn Minuten später zurück, wir dürften uns in der Notfallaufnahme des Universitätskrankenhauses melden. Melanies Schwestern packten das Nötigste ein für sie.

Mit geschlossenen Augen saß sie an der Wand, als ob sie sich ein wenig erholt hätte. Wir versuchten, die Nachtgespenster abzuschütteln und uns um ein kleines Frühstück zu kümmern. Ein Grund zur Eile schien auf einmal nicht mehr vorzuliegen. Während wir noch ihre Sachen packten, wurde sie plötzlich wach, stand auf, als ob nichts gewesen wäre und verschwand – augenscheinlich um ihre Morgentoilette zu machen. Uns anderen blieb der Mund offen!

Auf der Fahrt im Auto wurde sie sogar richtiggehend munter. Sie sah aus, als ob sie eher für einen Stadtbummel zu haben gewesen wäre als für das Krankenhaus. Wie es denn so ginge, kam meine verunsicherte Frage.

"Warum?", fragte sie zurück.

In der Notfallaufnahme mussten wir lange warten. Es war Sonntagmorgen und wir sahen nicht sehr notfallmäßig aus. Melanie schlenderte durch die Gänge und schaute sich die Bilder an.

Als die diensthabende Ärztin uns hereinbat, war es eine andere als die, die Melanie das erste Mal untersucht und gesunde Zuversicht ausgestrahlt hatte. Sie musste erst in der Krankengeschichte nachlesen, um was es sich handelte. Dann stand sie auf und fragte nach dem genaueren Befinden.

Ich hatte eine schwere Zunge und deutete auf meine Tochter. Sie hätte grässliche Kopfschmerzen gehabt, die ganze Nacht.

Die Ärztin wandte sich an sie: "Stimmt das"?

Melanie: "Oochhh, ja..."

Die Ärztin blätterte weiter in der Krankengeschichte. "Nun ja", sagte sie endlich, "wir machen einen Neurotest. Ziehen Sie sich aus!" Ich zog es vor, draußen zu warten.

Später, beim Wieder-Eintreten, hatte die Untersuchung nichts zutage gefördert. Ein Oberarzt war dazu gekommen, der nun zusammen mit der Ärztin Melanie aushorchte. Bei der Frage nach eventuellen Anzeichen von Migräne bejahte sie, dass zu den Symptomen der Nacht vielleicht auch so etwas wie ein Augenflimmern gehört haben könnte. Darauf konzentrierte sich plötzlich das ganze Interesse: "Sie haben also öfters Migräne?"

Bei mir läuteten die Alarmglocken: Melanie hatte ihr Leben lang nie Migräne gehabt! Doch man belehrte mich, dass solche Dinge jederzeit auftreten könnten. Die Ärzte hatten offenbar ihre eigene Meinung über besorgte Väter, die mit ihren Töchtern sonntags in der Notfallaufnahme erschienen. Sie entschieden sich für die Diagnose: Schwerer Anfall von Migräne!

Mir ging das gegen den Strich: Warum hatte denn die andere Kollegin zuerst eine lokale Entzündung diagnostiziert? Wieso hatte man eine Augenmuskellähmung von einer Migräne?

Der Arzt blätterte in der Krankengeschichte. Es war ihm sichtlich peinlich, etwas gegen die Kollegin zu sagen, aber von der Entzündungstheorie hielt er rein gar nichts. Immerhin bewirkte mein Bohren, dass ein Termin für eine MRI-Untersuchung erteilt wurde, wenn auch erst in zwei Wochen. Die Untersuchung wäre zu aufwändig, um sie sofort machen zu können, hieß es.

Doch wollten sie Melanie eine Nacht zur Beobachtung dabehalten, vielleicht dass dann mehr zu sehen wäre. Sie bekam Schmerzmittel ausgehändigt. Eine Dosis für jetzt sofort, die andere für später. Nanu!? Wieso denn für jetzt, wo sie doch gar keine Schmerzen hatte und die Symptome damit höchstens verwischt wurden? Aber die Ärzte waren nicht in der Stimmung, sich von einem aufgeregten Vater aufregen zu lassen; die Frage blieb ohne Antwort.

Melanie fand, ich solle mich beruhigen. Beim Abschied tröstete sie: "Fahr mal ruhig nachhause. Ich komme schon klar hier." Sie nahm ihre Tasche und folgte einer Krankenschwester auf die Station.

Am nächsten Morgen rief sie an: "Ich komme!"

Mein Ohr war an den Hörer gepresst: "Und? Wie war die Nacht? Nichts passiert?"

"Nein. Es war ein bisschen komisch, aber dann habe ich geschlafen. Holst du mich ab oder soll ich den Zug nehmen?"

"Bloß nicht! Warte, ich komme selber!", und war schon unterwegs.

Sie stand vor dem Gebäudekomplex auf der Straße. Wir fuhren zuerst zur Schule, um auch die Geschwister abzuholen. Auf dem Schulhof traf sie ihre Klassenkameraden und begrüßte sie locker und selbstbewusst.

Es war etwas verwirrend, sie zu beobachten. Waren ihre Beschwerden nur bloße Unpässlichkeiten, einfach weggewischt, wenn sie sich wieder in ihrer eigenen Welt bewegte? Waren alle Befürchtungen nur Hirngespinste? Als wir gingen, winkte sie: "Tschüss, bis bald!"

Zuhause angekommen, suchten wir etwas für ein schnelles Mittagessen. Noch während der Mahlzeit wurde ihr Verhalten sehr seltsam. Sie machte sich steif ohne jede Bewegung, als ob sie in sich hineinlauschte. Sie hob den Kopf bis in den Nacken und drehte sich in den Schultern, wie um etwas Unangenehmes abzuschütteln. Ihr Gesichtsausdruck wurde gequält. Wir schauten sie entgeistert an, aber sie bemerkte es nicht einmal.

Am Abend verlangte sie nach den neuen Schmerzmitteln. Zehn Minuten später erbrach sie. Sie hatte Gleichgewichtsstörungen und schwankte so sehr, dass sie sich ohne Hilfe nicht mehr fortbewegen konnte. Die Nacht wurde schlimmer als je zuvor.

In den Intervallen, in denen die rasenden Schmerzen ein wenig abklangen und wir etwas zur Besinnung kamen, stand wieder alles vor dem inneren Auge, wie es schon einmal gewesen war: Auch als Melanies Mutter starb, war etwas in unser Leben eingebrochen, das uns so sehr aus der Bahn geworfen hatte.

Sie war ein Jahr lang krank gewesen und immer schwächer geworden. Eines Abends saßen die Kinder am Tisch beim Essen. Sie hatten tagsüber einen Ausflug gemacht und sich einen gesunden Appetit mitgebracht. Während sie herzhaft zugriffen, wurden in angeregtem Gezwitscher die Ereignisse des Tages durchgenommen.

Da kam vom Nebenzimmer ein Hüsteln. Aufspringend war ich dort. Überall Blut! Melanie und ihre ältere Schwester stürzten herzu und knieten auf das Bett, um ihrer Mutter zu helfen und die Tücher zu halten, in die sie das Blut hineinhustete, während fieberhaft der Transport ins Krankenhaus vorbereitet werden musste. Die Kinder standen im Eingang blass unter dem Schein der Lampe, als ich sie auf den Armen hinaustrug. Im Vorbeigehen streckten sie einander noch die Hände entgegen ...

Am Morgen, bei dem Versuch mit der Ärztin zu telefonieren, die Melanie untersucht hatte, wurde zwar richtig verbunden, aber es war trotzdem die falsche Adresse: "Wir haben Ihnen doch gesagt, dass Ihre Tochter Migräne hat! Mehr können wir nicht tun für Sie!" Das war's. Eine Lappalie also, bei der nichts weiter zu machen war als abzuwarten. Bestanden noch Fragen, war der Hausarzt zuständig.

Die Tage und Nächte wurden zu Albträumen. Wir schlichen bedrückt umher, jegliche Tätigkeit kam zum Erliegen. Wir hielten uns ständig in Melanies Nähe auf und beobachteten den Wechsel von erschöpfter Teilnahmslosigkeit und Anfällen, die sie mit verzerrtem Gesicht zu überstehen versuchte.

Sie lag, indem sie den Kopf in den Nacken zog und regungslos so verblieb. Bei jeder Bewegung hatte sie Angst, die schmerzhaften Krämpfe im Nacken wieder auszulösen. Wir servierten ihr, was es nur gab an Delikatessen, doch sie rührte nichts an, und allein das war etwas Ungewöhnliches an ihr, die sonst herzhafte Leckerbissen nie verschmäht hatte.

Für den Fall eines menschlichen Bedürfnisses war vorgesorgt mit einer Bettschlüssel, aber sie konnte sich nicht aufsetzen dazu. Sie versuchte es, doch so sehr sie sich auch abmühte, es mussten jedes Mal drei von uns helfen. Beim Aufrichten deutete sie mit zusammengebissenen Zähnen an, keine weitere Bewegung zu machen. Sie hing eine Weile schräg in unseren Armen, den Kopf von uns gestützt, bis wir sie dann ein weiteres Stück hochziehen konnten.

Als hätte sie Augenblicke der Hellsichtigkeit gehabt, sagte sie: "Ich habe doch noch gar nicht gelebt!" Es klang, als ob sie auch nicht mehr damit rechnete. Ich tat entrüstet, aber das war nur ein matter Versuch, die eigene Hilflosigkeit zu verstecken.

In den Nächten war an geregelten Schlaf nicht mehr zu denken. Man döste ein, aber das Stöhnen fing an und ging bald in schrilles Schreien über. Dann lag sie wieder ganz apathisch da. Um sie abzulenken, las ich aus ihren Lieblingsbüchern vor.

Einmal ging es um eine zahme Robbe, die zur Klavierbegleitung singen konnte. Sie räkelte sich in der guten Stube ihrer Beschützerin, blies auf der Mundharmonika, bis der letzten Nerv angesägt war und packte liebend gerne Einkaufstaschen aus, um mit Konservenbüchsen zu kegeln. Trotz allem Elend musste Melanie lachen, auch wenn es nur eine Grimasse wurde.

3. Warum gerade ich?

Bei den medizinischen Abklärungen waren uns keine Illusionen gelassen worden: Niemand würde sich mehr so schnell mit dem Fall befassen wollen. Die Neurologie eines Universitätskrankenhauses war die oberste Instanz eines Gerichtshofes, gegen die keine Berufung möglich war. Melanie war abgestempelt als Migränepatient und hatte selber mit solcher Bagatelle klar zu kommen. Vielleicht hätte man versuchen müssen, sie trotz der Ablehnung wieder hinzubringen. Aber der Gedanke an den großen Eingangsbereich, der von Geschäftigkeit summte wie eine Bahnhofshalle, mit einem schreienden, hilflosen Bündel Mensch ... Wer wusste, wie schnell wir abtransportiert gewesen wären, in die psychiatrische Abteilung, gleich beide.

Wir versuchten also uns alleine durchzuschlagen. Eine liebe Seele aus dem Bekanntenkreis, Mutter gleichaltriger Kinder, schaute herein, ließ sich alles berichten, konnte aber dazu auch nur ratlos den Kopf schütteln. Das war an einem Freitag.

Am Samstag musste Melanie für kurze Zeit alleine bleiben, die Kinder wollten vom Bahnhof geholt werden. Bei der Rückkehr ins Haus klappte uns der Unterkiefer weg. Sie saß in aller Seelenruhe auf einem Gestell, ließ die Beine baumeln und telefonierte. Kreuzdonner! Was war los? Wir dachten, sie wäre krank!?

"Man kann doch nicht stundenlang das Telefon

klingeln lassen!"

Telefon hin oder her, war sie nicht krank?

"Soll ich deswegen nur noch die Ohren hängen lassen?"

Aber – ich schnappte nach Luft – wie hatte sie überhaupt aufstehen können?

"Ich hab's einfach versucht. Wenn es geht, ist es doch gut, oder? Ich gehe jetzt hoch in mein Zimmer." All die Tage hatte sie unten in meinem Bett gelegen. Jetzt nahm sie ihre Bettdecke und wandelte. Es war zum Frösteln, trotz des warmen Wetters.

Am Nachmittag kam Besuch. Die Töchter waren in einem Alter, in dem manchmal ein ganzer Schwarm Freunde aufs Mal auftauchte. Sie verschwanden in die oberen Räume und man hörte sie durch die Zimmerdecke. Bei solchen Gelegenheiten ging es halbe Nächte um Gott und die Welt und mit Begeisterung wurden die gleichen alten Probleme stets von Neuem durchgekaut, mit Unterbrüchen, in denen die Küche nach etwas Essbarem durchsucht wurde. So wie es aussah, waren es keine besonders schwerwiegenden Weltfragen, um die es da ging. Wenn sie mich gefragt hätten, die Antwort wäre locker aus dem Ärmel zu schütteln gewesen. Weil sie das wussten, war ich gar nicht erst eingeladen dazu.

Abends um zehn war es Zeit, nach oben zu gehen. Genug war genug, es langte. Ungerührt wurde hinauskomplimentiert, wer hier nicht hergehörte. Allgemeiner Protest, am lautesten von Melanie. Sie schmollte.

In der Morgendämmerung kamen langsam und schwerfällig Schritte die Treppe herunter. Dann stand sie in der Tür mit zerfurchter Stirn und hielt sich fest. Keine Spur mehr der gestrigen Hochstimmung, so sehr sie sich auch zusammenzureißen versuchte. Zum

Bett gebracht, blieb sie dort liegen, nur noch halb lebendig.

Für den Rest des Sonntags stand sie nicht mehr auf.

Am Montag konnte sie das Wenige, was sie in den vergangenen Tagen noch zu sich genommen hatte, auch nicht mehr essen. Kaum dass sie noch trank, wenn man ihr den Trinkhalm an die Lippen hielt. Sie konnte sich nicht mehr bewegen, sie konnte nicht mehr Wasser lösen. Sie wusste vor Schmerzen nicht mehr ein noch aus.

Am Dienstag wurde auf Veranlassung eines weiteren Arztes, den wir hinzuzogen, ein Versuch gemacht mit einem Medikament, das gegen schwere Migräneanfälle wirken sollte. Als die Wirkung einsetzte, wand sie sich in Zuckungen und erbrach Galle. Über Stunden war sie wie von Sinnen und geriet in einen Zustand spastischer Krämpfe, die sich nicht mehr lösten. Wir waren froh, dass sie noch lebte hinterher.

Am Mittwoch fürchteten wir erneut um ihr Leben und versuchten, alle nur möglichen Stellen telefonisch zu erreichen.

Am Donnerstag musste sie in das kleine Krankenhaus unseres ländlichen Bezirkes eingeliefert werden. Niemand wusste, ob sie dort helfen konnten, aber wir waren am Ende unserer Möglichkeiten.

Hartnäckig und kaum dass sie noch sprechen konnte, lehnte sie den Transport im Ambulanz-Fahrzeug ab, weil sie nicht mit der Bahre hinausgetragen werden wollte. Sie bat mich, unseren Kleinbus, in dem sich eine Liegefläche einrichten ließ, vor die Außentüre zu fahren und wollte versuchen, die wenigen Schritte selber zu bewältigen. Zentimeter für Zentimeter schob sie die Beine an den Bettrand. Langsam ließ sie sich an den Schultern aufrichten, mit mehreren Pausen dazwischen, damit die Schmerzen abklingen sollten. Endlich stand sie, in die Höhe gezogen, die Arme um mich geschlungen, den Kopf auf meiner Schulter, die Zähne knirschend. Mich mit ihr rückwärts bewegend, tapperten wir langsam zum Fahrzeug. Dann glitt sie auf die Liegefläche.

Vor dem Eingang des Krankenhauses wartete die Aufnahmeschwester. Sie fand, Melanie solle sich nicht so anstellen und alleine zum Auto herauskommen. Durch die bäuerliche Umgebung der Anstalt war sie robuste Patientenschaft gewöhnt. Es gab nichts, als sie machen zu lassen. Das forsche Zureden rief aber nur die eine Reaktion hervor, dass Melanie die Schwester von unten anblinzelte. Irritiert, musste sie sich endlich bequemen, weiteres Personal zu holen. Mit einer fahrbaren Bahre verschwanden sie im Aufzug. Ein Gesprächstermin mit dem Stationsarzt wurde für den Abend erteilt.

Als er zu später Stunde den Fall erklärte, gab er sich sehr höflich und zuvorkommend, aber seine Diagnose stand bereits fest: Migräne! Er hatte sie sich vom Universitätskrankenhaus durchgeben lassen. "Wir müssen jetzt versuchen, das Mädchen von ihren Schmerzen zu trennen", sagte er und ließ es dabei bewenden. Mir war alles recht. Bald aber kam – durch eine gewisse Schwester Elisabeth – die wahre Bedeutung dieser harmlosen Floskel an den Tag: Ruhigstellung mit Psychopharmaka – die angemessene Behandlung für ausgerastete Patienten. Mir standen die Haare zu Berge, schon wieder dilettantische Experimente mit ihr!

Vorerst jedoch kam Melanie in die Obhut eben dieser Schwester Elisabeth und ihrer Kolleginnen. Sie verstanden ihr Handwerk und wussten mit Bedürfnissen umzugehen wie Stuhlgang und Wasserlösen. Melanie wurde gebadet, kam in ihr neues Bett und wurde an eine Infusion gehängt. Die Schmerzen hatten nachgelassen und auf irgendeine seltsame Weise war die Situation entschärft. Schwester Elisabeth war eine erfahrene Frau mit scharfem Blick für die Psyche. Sie hatte, war später zu hören, dem jungen Assistenzarzt, der Melanie aufgenommen hatte, die Psychopharmaka wieder ausgeredet. Die Symptome erschienen ihr untypisch, sie wollte erst die MRI-Untersuchung abgewartet haben.

Melanie war fort, doch die Anspannung blieb. Traten die beklemmenden Anfälle wieder auf? Wer half ihr durch die trostlosen Nächte? Von der Küche aus war die Hügelkette zu sehen, hinter der das Krankenhaus lag und die Straße, die hochführte und über die Kuppe verschwand. Wandte ich die Blicke endlich ab, um die liegengebliebene Arbeit anzupacken, war wieder eine halbe Stunde vergangen.

Beim ersten Besuch saß Melanie zurückgelehnt im Bett, hatte kaum Schmerzen, aber brütete vor sich hin. Auch die mitgebrachten Sonnenblumen konnten sie nicht aufheitern. Sie hatte im Frühjahr noch mitgeholfen, sie auszusäen; jetzt dehnte sich dort ein Wald gelber Blüten. Ein ganzer Busch davon war für sie, und ob es nicht gut täte, keine Schmerzen zu haben? Sie schielte mich nur von der Seite an. Auch auf weitere Fragen gab sie keine Antwort. Sie haderte mit dem Schicksal.

Vielleicht war Schwester Elisabeth nicht ganz unschuldig daran. Es hatte einige Gespräche gegeben zwischen den beiden und sicher war es nicht schwer gewesen, Melanie zum Reden zu bringen und die Familiengeschichte zu erfahren. Warum auch nicht, menschliche Anteilnahme in heutiger Zeit war etwas Erfreuliches. Nur erschienen die Dinge vielleicht vor dem Hintergrund psychologischer Erkenntnisse in einer anderen Beleuchtung. Die Schwester schien der Vergangenheit eine Bedeutung beizumessen, die zu der gegenwärtigen Lage in Bezug stand. Ich hatte geglaubt, die Kinder mehr oder weniger glücklich über eine schwere Zeit hinweg gebracht zu haben, aber vielleicht konnte das ja auch anders gewertet werden. Jedenfalls mischten sich in ihre wohlgemeinten Ratschläge zarte Hinweise auf unbewältigte Erlebniskomplexe, die der Behandlung bedürften.

War es das, was Melanie so beschäftigte? Es wäre unnatürlich gewesen, hätte der Tod der Mutter keine Spuren hinterlassen, die auch von Außenstehenden zu entdecken waren. Doch hinter der Dunkelheit war Licht gewesen. Hatten wir nicht miterlebt, wie ihre Mutter den Mut nicht verlor, wie das Bett, an das sie gefesselt war, der Mittelpunkt unseres Lebens wurde, zu dem alle mit ihren großen und kleinen Anliegen kamen, um stets mit einem lieben Wort und einer humorvollen Bemerkung bedacht zu werden? Wie sie sich ergab in das, was auf sie zukam, und das Vertrauen nicht verlor, dass auch das zu ihrem Schicksal gehörte?

Das war es, was von meiner Seite aus Melanie hätte nahegebracht werden können. Aber sie war nicht in dem Alter, in dem man schon viel gab auf diese Art von Vertrauen; sie wollte nichts als leben und versank in schwarze Gedanken. An ihrem Bett sitzend, fiel mir nichts anderes ein als zu trösten, alles käme vielleicht wieder in Ordnung.

"Und wenn nicht?", fragte sie mit finsterer Miene.

Wer wusste es? Sie begehrte auf: "Ich will leben! Mein Leben hat noch nicht einmal angefangen! Ich muss noch so viel tun! Die anderen können auch alle machen, was sie wollen. Warum passiert das gerade mir? Warum gerade ich?"

Wer hatte schon eine Antwort auf solche Fragen?

Bei dem Blick zurück auf der Heimfahrt, leuchtete in der großen grauen Fensterfront des Krankenhauses ein gelber Fleck. Es waren die an ein Fenster gestellten Sonnenblumen. Ein Symbol der Hoffnung? Wie recht doch Schwester Elisabeth hatte! Das Leben war ein Erlebniskomplex, ein großer. Ein heißgeliebter zudem, mit dem einzigen Wunsch, ihn tatsächlich erleben zu dürfen, bewältigt oder unbewältigt!

Wenn ich an den Abenden bei Melanie saß, war das Kopfweh erträglich. Aber ihre Unruhe wuchs. Sie mochte kaum zuhören und war für kein Gespräch zu haben. "Du wirst mir noch genug erzählen können, später", war alles, was sie sagte.

Sie lag in einem Einzelzimmer und die Besucherregelung wurde nicht allzu streng gehandhabt. Man musste nur schauen, wie man zu nächtlicher Stunde hinauskam, wenn die Eingänge geschlossen waren. Manchmal wurde es Mitternacht bei meiner Wanderung durch dunkle Gänge auf der Suche nach einer lieben Seele mit einem Schlüssel. Es waren warme Nächte mit Grillengezirpe, in denen gewundene Wege durch Wiesen und Äcker zurückführten in die einmal "normal" gewesene Welt.

Der Tag der MRI-Untersuchung fing an mit einem ungutem Gefühl im Magen. Der Transport musste von mir selber durchgeführt werden; wir hatten etwa eine Stunde zu fahren. Als Melanie gebracht und bequem im Fahrzeug gebettet war, stieg auch Schwester Elisabeth ein, um sie zu begleiten.

Glücklicherweise versuchte sie nicht, mich in ein Gespräch über familieninterne Angelegenheiten zu verwickeln, sondern erzählte aus ihrem eigenen erfahrungsreichen Leben. Unter anderem erklärte sie die Leitlinien des Pflegeberufes. Sie machte Unterschiede zwischen verschiedenen Graden von Mitgefühl. Man konnte ihr nicht immer folgen, weil auf den dichter werdenden Stadtverkehr zu achten war, aber es ging in die Richtung: Mitfühlen mit dem Patienten – ja. Aber nicht vor lauter Mitleid mitzerfließen wie Soße! Der Vergleich war zwar etwas deftig, aber er wird wohl richtig gewesen sein so.

Die Zeit der Untersuchung zog sich hin. Das MRI-Gebäude befand sich inmitten einer Grünanlage, in die der Großstadtlärm nur gedämpft eindrang. Die Sonne schien, es war angenehm frisch und die Atmosphäre des Morgens hatte etwas Belebendes an sich, das auf das Gemüt abfärbte. Nach und nach verzogen sich die dunklen Gedanken wie von einer sanften Brise hinweggeweht. Es durfte einfach nicht sein!

Dann wurde nach mir gerufen. Die Schwester war in der Tür erschienen und winkte hereinzukommen.

Hinter einem Kundenschalter stand ein Mensch in weißem Kittel und mit undurchdringlichem Gesicht. "Sie werden in der Neurologie erwartet", sagte er. Bei einem Blick auf Schwester Elisabeth: das gleiche Gesicht! "Aber, es ist doch nichts Ernsthaftes?" brachte ich mühsam hervor. Der Arzt winkte ab, das Gesicht noch abweisender: "Das Weitere wird man Ihnen in der Neurologie erklären!" Er überreichte einen großformatigen Umschlag, nicht mir, sondern der Schwester. Sie nahm ihn und klemmte ihn unter den Arm.

Melanie wurde gebracht. Meine Gesichtszüge waren nicht mehr unter Kontrolle. Sie brauchte nur einen Blick auf mich zu werfen und geriet in Panik. Weinend musste sie hinaustransportiert werden.

Auf der neurologischen Abteilung saß Melanie in einer Ecke und weinte. Rings um sie ging der Alltagsbetrieb weiter. Jemand fuhr sie an, was denn los wäre. Sie reagierte nicht.

Ärzte kamen und gingen; ein bekanntes Gesicht war nicht dabei. Dann kam ein Oberarzt mit unseren Unterlagen und stellte sich vor; auch er unbekannt. Eine bittere Bemerkung wollte sich nicht unterdrücken lassen, dass immer andere Ärzte an dem Fall herumdokterten; er aber stellte klar, dass die Krankenakte jederzeit ordnungsgemäß weitergeleitet wurde und alle erforderlichen Daten erfasst waren. Auch mit ihm als dem für die Diagnose zuständigen Arzt würden wir nichts mehr zu tun haben; doch würde der Fall weiterhin in kompetente Hände übergehen!

Er hüstelte. "Ja – –", sagte er, doch das Gespräch wollte nicht in Gang kommen. Erst als die MRI-Aufnahmen auf die Leuchttafel gespannt waren, war er auf dem technischen Terrain, auf dem er sich sicher fühlte und die Zusammenhänge sachlich darstellen konnte. Mehrere Schnitt-Ebenen durch den Kopf waren zu sehen. An einer Stelle zeigte er auf einen bestimmten Bereich. Für einen Laien war nicht erkennbar, worin die Abnormalität bestehen sollte. Er teilte die Diagnose mit: "Hirnstammgliom". Die Ahnung drängte sich auf, dass es von all den unheilvollen Möglichkeiten die allerschlimmste war.

Draußen vor den Fenstern schien die Sonne durch das Laub der Bäume. Melanie hatte, wie es weiter hieß, einen Tumor. Auf den Bildern zeigte er sich nur durch die Schwellungen, die er verursachte; er hatte keine fest umrissene Gestalt. Der Hirnstamm war von ihm infiltriert und die Krebszellen breiteten sich diffus zwischen den Nervenbahnen aus, ungreifbar im Zentrum des Lebens. Es war, als schwände der Boden unter den Füßen.

Mein Gegenüber schaute auf seine Fingernägel, der Tumor war inoperabel. "Wir wissen nicht, was wir dem Mädchen zu bieten haben", sagte er. Eine Behandlung mit den üblichen Standardtherapien würde trotzdem erfolgen. Eine Stellungnahme, ob damit nicht mehr Schaden als Gutes angerichtet würde, lehnte er ab. Melanie wurde sofort aufgenommen. Es bestand Lebensgefahr.

Sie sollte die Diagnose von mir selber erfahren, aber es gab nichts, das noch hätte gesagt werden müssen. Sie schluchzte, als wir zu ihr gingen. "Ich habe es gewusst ... ich habe es gewusst."

Schwester Elisabeth nahm die Sache von der mitfühlenden Seite. "Du Armes, hast ja noch gar kein Frühstück gehabt heute, komm, wir holen etwas zu essen für dich", sagte sie.

Die Aussicht auf ein Brötchen und ein warmes Getränk belebte Melanie, als ob sie allein damit schon weiter am Leben teilnehmen konnte. Durch einen Schleier von Tränen blickte sie die Pflegerin dankbar an – an mir vorbei, der ich mit weichen Knien dastand und dem so etwas Banales wie Frühstück nicht in den Sinn gekommen war. Schwester Elisabeth nützte die Zeit, in der auf der Station, die Melanie aufnahm, erst Platz geschaffen wurde. Sie schob einen Arm unter ihre Patientin und stellte sie auf die Füße. Es sah aus, als ob die Beine jeden Augenblick wegknickten, doch damit konnte sie umgehen und hielt Melanie mit starkem Griff. Bis zum Lift waren es nur wenige Schritte und unten angekommen, befanden sie sich mitten in der Cafeteria der Eingangshalle, die alles bereit hielt für das leibliche Wohl.

Nachdem Melanie aufgenommen war und in ihrem Bett lag, blieb nur noch übrig, Schwester Elisabeth zurückzubringen. Sie schaute mich kritisch an. Dass ich keine gute Figur mehr machte, war ihr nicht entgangen. Sie versuchte, mich aufzumuntern, als hätte sie einen Patienten vor sich.

Die Beschäftigung mit dem Lenkrad bot Gelegenheit, ihre Bemühungen zu überhören. Aber sie ließ nicht locker. "Die Ampel! Passen Sie doch auf! Meinen Sie, Sie können überhaupt noch autofahren in Ihrem Zustand?"

In solcher Verfassung von einem Krankenhaus zurückzufahren durch das Verkehrsgewühl war nicht das erste Mal gewesen – aber das Schalten, Bremsen, Einspuren war abgelaufen, als ob ein anderer fuhr, mit traumwandlerischer Sicherheit. Was wollte sie also? "Steigen Sie doch aus, wenn Ihnen das lieber ist", krächzte ich.

Sie blieb ungerührt. "Sie! Mit Ihrer Leichen-Bittermiene! Meinen Sie, damit ist jemandem geholfen? Das arme Kind ist ja schon fast umgefallen, als es Sie nur von Weitem gesehen hat!"

Die einzige Rettung gegen so viel Lebensweisheit war endgültiges Verstummen.

Später zuhause umringten mich die Kinder: "Wie geht es? Ist jetzt alles gut?" Vielleicht hatten die Ermahnungen von Melanies Pflegerin doch ihr Gutes bewirkt: Als sie mein Gesicht sahen, brachen sie jedenfalls nicht gleich in Tränen aus. "Oochh", war mein Versuch, sie zu beruhigen, "man weiß das noch nicht so genau. Das ist sehr kompliziert. Jetzt ist sie mit einer netten alten Dame auf einem Zimmer. Die lacht gerne. Hat Melanie schon ein bisschen angesteckt. Das kommt sicher noch besser ..."
Die Kinder waren fürs erste beruhigt und gingen den Kühlschrank durch nach etwas Passendem zum Abendessen. Ich saß schon wieder im Auto und biss die Zähne zusammen.
Zurück im Krankenhaus, schien Melanie ihr Gleichgewicht wiedergefunden zu haben. Die alte Dame hatte sie tatsächlich ein wenig angesteckt. Sie nannten sich beim Vornamen und hatten sich alles Mögliche zu erzählen.

Über ihre Krankheit wollte sie nicht sprechen. Sie wusste Bescheid und es war ihr eine Genugtuung, dass die Wahrheit ans Licht gekommen war und sie nicht länger gequält wurde mit Beschwichtigungen.

4. Geben sie mir eine Chance?

Sie musste sofort operiert werden. Im Kopf baute sich ein Überdruck auf durch die ununterbrochen neu entstehende Flüssigkeit, in der das Gehirn schwamm. Die natürlichen Abflusswege zum Rückenmark hin waren durch den Tumor verengt; ein vollständiger Verschluss hätte qualvollen Tod bedeutet. Die Bedrohung konnte nur beseitigt werden mit einer Operation, durch die ein künstlicher Abfluss geschaffen würde.

Nachträglich wurden jetzt auch die Schmerzen verständlich, die sie gehabt hatte. Das Hämmern in dem unter Druck stehenden Schädel entstand durch die Pulsschläge des Blutes im Gehirn. Aus irgendwelchen Gründen hatte sich manchmal ein Abfluss ergeben mit einer urplötzlichen Besserung, doch damit konnte nicht länger gerechnet werden. Die Hirnflüssigkeit musste abgeleitet werden durch ein Ventil-Schlauch-System, einen Shunt. Er sollte aus dem Inneren des Gehirns unter der Haut bis in die Bauchhöhle verlegt werden. Die Operation war nur eine Notfallmaßnahme. Gegen den Tumor war damit nichts getan. Mit fortschreitendem Wachstum würde er die umliegenden Nervenbahnen abklemmen und weitere Lähmungen verursachen.

Alles, was sich mit ihr ereignete, erlebte Melanie mit vollem Bewusstsein. Ihr Denkvermögen war trotz der Kopfschmerzen nicht von der Krankheit betroffen, sondern schien eher geschärft zu sein über das normale Maß hinaus. Tag und Nacht mühte sie sich ab mit den Fragen, die auf sie einstürzten. Was würde mit ihr geschehen? Bei der gleichen Frage an den Stationsarzt, der die Zusammenhänge erklärte, hatte seine Beredsamkeit ein Ende. "Sie hat es wirklich nicht gut getroffen", sagte er nur.

Bei der Chefarztvisite saß Melanie im Schneidersitz auf dem Bett, im Trainingsanzug und verstrubbelt. Die medizinischen Würdenträger umstanden sie und redeten jovial auf sie ein, um dann untereinander ihre Fachsimpeleien zu führen. Als sie selber das Wort bekam, sagte sie: "Das wird wohl das Wenigste sein, was auf mich zukommt." Sie meinte die Operation.

Am Nachmittag unternahmen zwei Schwestern einen kleinen Gang mit ihr draußen in den Parkanlagen. Rechts und links mussten sie sie stützen, sonst wäre sie gestürzt – sie, die früher so wieselflink entwischte, wenn man sie zu fassen kriegen wollte. Am Abend konnte sie plötzlich den rechten Arm nicht mehr bewegen. Wenn sie seine Lage verändern wollte, musste sie ihn mit der Linken ergreifen und in die neue Stellung bringen. Sie machte es ganz sachlich vor, als ob sie mit einem Instrument hantierte und nicht mit einem Teil des eigenen Körpers.

Am folgenden Morgen war sie schon operiert. Der Arzt zeigte sich erleichtert, dass alles gut gegangen war. In der Nacht hatten wieder die Schmerzattacken eingesetzt und es war keine Zeit zu verlieren gewesen. Jetzt lag sie auf der Überwachung, den Schädel halbseitig geschoren, Wundverbände, Geruch von Körperflüssigkeit und Chemikalien, Infusionen, Sauerstoff. Langsam erwachte sie aus der Narkose.

Dann war sie wieder sie selber. Die Operation

hatte spürbare Erleichterung gebracht, die Schmerzen waren verschwunden. Auf der kahlen Seite des Schädels war ein kleiner Wulst unter der Haut, der sich vom Scheitel aus hinter dem Ohr den Hals entlang herabzog. Es war der Schlauch der Ventilableitung. Im Bauch, wo er endete, hatte sie eine größere Operationswunde. Sie verlangte einen Spiegel, um ihre Frisur zu betrachten. Etwas seltsam sah sie schon aus, doch sie fand den Anblick erträglich. Sie bewegte den Spiegel hin und her. Mit dem rechten Arm!

Täglich musste sie nun bei einem Neurostatus zeigen, wie weit sie bestimmte Bewegungen noch ausführen konnte. Sie sollte bei geschlossenen Augen mit weit ausholender Gebärde mit dem Finger genau ihre Nasenspitze treffen. Es ging, mehr oder weniger. Auch als sie auf den Hacken durch das Zimmer laufen sollte, schaffte sie es, schlussendlich, aber der Arzt war zur Stelle sie aufzufangen, sollte sie stürzen. Trotz aller Besserung war sie weit entfernt von dem, was sie einmal gewesen war.

Sie bekam Besuch von ihren Klassenkameradinnen. Eigentlich liebte sie es, wenn ein lockerer Ton angeschlagen wurde, bei dem es nicht immer so ernst zuging. Ihre Freundinnen taten sich da keinen Zwang an und es war ja auch das Alter, in dem man gerne lachte. Auch wenn Melanie ihre Gesellschaft genoss, war doch das andere nicht weit: Tränen, die in den Augenwinkeln standen und die Hand, die zitterte, wenn sie eine Tasse hob. Unauffällig versuchte sie sie abzustützen.

Wenn sie allein war, begann die Auseinandersetzung mit sich selbst. Warum gerade ich? Immer wieder die gleiche Frage. Auch mir blieb nicht erspart, Stellung zu beziehen zu der großen Ungerechtigkeit, die sie getroffen hatte. Ja, sie hatte allen Grund, mit dem Schicksal zu hadern! Wer hätte in einem Alter, in dem das Leben erst begann, nicht gehadert und alles nur mögliche Mitleid verdient? Doch diese Schwester Elisabeth wollte mir nicht aus dem Sinn, wie sie so gar nichts darauf gab, selber mitzuzerfließen vor Mitleid. Es war ja wohl auch nicht das Richtige. Vielleicht waren schwere Krankheiten da, dass wir durch sie lernten, sagte ich.

"Du hättest Pastor werden sollen!", sagte sie.

Hatte sie nicht Biografien gelesen von Menschen, die es auch nicht einfach hatten im Leben?

"Na und?"

Waren andere nicht durch Finsternisse gegangen und doch stärker geworden dabei?

"Woher soll ich das wissen?"

Es waren sicher keine leichten Schicksale gewesen, die die Menschen durchgemacht hatten.

"Meinetwegen."

Ohne ihre Gebrechen wären sie ein Leben lang in ihrem kleinen Umkreis geblieben und niemand hätte je von ihnen gehört. Wie sie aber gekämpft hatten gegen Krankheit und Not, das war weitherum mit Achtung zur Kenntnis genommen worden.

"Von mir braucht überhaupt niemand etwas zur Kenntnis zu nehmen!"

Dazu bestand auch kein großer Anlass, war zu vermuten. Trotzdem gab es eben im Leben die normalen Wege – oder die, sozusagen, außergewöhnlichen.

"Ich wäre lieber stinknormal – als ..."

Natürlich – nichts hätte man ihr ja auch von

Herzen so gegönnt als gerade das! Doch ihre Miene blieb weiterhin finster und ob Schwester Elisabeths Gedanken zum Thema Mitleid sehr hilfreich waren, ließ sich nicht erkennen.

Meist war mein Platz bis zum Mittag das Zuhause, um die Kinder abzufüttern, wenn sie von der Schule kamen. Das Telefon ging. Beim Abnehmen des Hörers: – nichts. Dann ein Schluchzen.
"Melanie, was ist? Ist was passiert? Was ist denn?"
Das Schluchzen wurde stärker. "Warte doch, warte! Ich komme sofort!"
Sie brachte kein Wort heraus, man spürte, wie sie zitterte am anderen Ende der Leitung.
"Gib nicht auf! Die Kleinen sind fertig mit Essen, ich fahre sofort los!"
Es tönte immer noch gleich aus dem Telefonhörer. Ich war schon unterwegs.
Bei der Ankunft eine Stunde später schien allerdings wieder die Sonne. Besuch war gekommen aus ihrer Klasse. Diejenigen, die sie noch nicht gesehen hatten nach der Operation, konnten sich anfangs einer gewissen Beklemmung nicht erwehren, fanden aber doch bald, sie wäre die alte geblieben, auch wenn sie nicht mehr so aussah. Das Gesicht war irgendwie rund geworden und das restliche Haar auch noch abgeschnitten bis auf eine einzelne Strähne an der Seite, die zu einem langen, dünnen Zopf geflochten war, an dem unten ein Glöckchen hing – ihre persönliche Note. Es ging nicht lange und sie hatten Anlässe genug gefunden, die ausgiebig besprochen und belacht werden mussten: Wo und was und wer mit wem und wieso und warum. Meine Anwesenheit war vorerst überflüssig. Zeit also, um

Formalitäten zu erledigen und Informationen einzuholen.

Auf den langen von Leuchtstoffröhren erhellten Korridoren der Station war zu nächtlicher Stunde niemand mehr auf den Beinen außer der Nachtschwester, die ihren Dienst antrat und dem Stationsarzt. Er ging immer noch zu dem einen oder anderen Patientenzimmer, wie schon den ganzen Tag hindurch – ein unglaubliches Arbeitspensum. Auch mir hatte er noch eine Besprechung zugesagt, als Letztem.

In seinem Ordinationszimmer zog er den weißen Kittel aus, wodurch die Unterredung fast einen privaten Anflug bekam. Über die Lähmungserscheinungen wollte er keine Aussage machen. Er hoffte, sie gingen zurück mit dem Abschwellen des Gewebes im Tumorbereich durch eine intensive Cortison-Behandlung, die schon begonnen hatte.

Er kam auf den seelischen Zustand zu sprechen. Tapferes Mädchen! Wie sie das so nehmen konnte in ihrem Alter! Nur, die andere Seite sollte auch sein, sie sollte sich einmal richtig ausweinen, es würde ihr gut tun. Über diesen Punkt konnte man ihn beruhigen, aber mit dem Weinen allein war es ja nicht getan. Sie lebte mit der bangen Frage, was von uns bliebe, wenn ... Wo würde sie sein – um diese Zeit im nächsten Jahr?

Doch für solche Fragen war er nicht zuständig; sie bewegten sich nicht in der Welt der klinischen Begriffe, die sein Gebiet waren. Die Hoffnung auf Sphären jenseits davon mochte vom psychologischen Standpunkt aus vielleicht ihren Nutzen haben als Trostzuspruch, aber wissenschaftlich gesehen war das bloße Spekulation. Außerdem, meinte er, wenn der Mensch schon eine Fehlkonstruktion war mit seinen Krankheiten, wie sie sich schlimmer kaum noch vorstellen ließen, dann konnte eine höhere Welt auch nicht besser sein – wenn es sie überhaupt gab, was er bezweifelte. Was blieb da zu sagen übrig? Es war spät und wir waren müde bis zum Umfallen. Wir fuhren im Lift hinunter, vierzehn Stockwerke, und trennten uns in der Eingangshalle.

An einem der nächsten Tage kam der Spezialist von der Radiologie, um die Tumorbehandlung zu übernehmen. Im Ärztezimmer ließ er sich den Vorgang rapportieren und warf kurze Blicke auf die MRI-Aufnahmen, die ihm nichts Neues zu verraten schienen.
    Eine Gewebeentnahme würde Aufschluss bringen über die Therapierbarkeit des Tumors, sagte er. Sie wäre nur unter Lebensgefahr durchzuführen und mit immensen Kosten verbunden wegen der Überführung in eine Spezialklinik mit den technischen Möglichkeiten dafür. Die Wahrscheinlichkeit, dass sich dabei eine Tumorart finden ließe, die einer Behandlung überhaupt zugänglich war, würde nicht groß sein. Bei genauerem Nachfragen zeigte er auf, wie hoch die Überlebenschancen veranschlagt wurden: etwa 5 %, bestenfalls. Schlechte Nachrichten waren zu erwarten gewesen, aber sie dann so geschäftsmäßig präsentiert zu bekommen, ließ einem das Blut erstarren.
    Mir schwirrte der Kopf wegen der Kosten, Helikopterüberführung und was sonst angeklungen war. Der Radiologe blieb sachlich: Das Beste, das bei solcher Untersuchung zu erwarten war, wäre ein sofortiger definitiver "Bescheid" über das Schicksal

des Mädchens. "Wollen Sie das wirklich jetzt schon wissen", fragte er und wie ich es dann mit dem Vorauswissen ihr zu erklären gedachte?

Ich starrte ihn nur an.

Der Arzt beendete das Gespräch mit dem Rat, alles wieder zu vergessen und erst einmal den eigenen Schock zu verarbeiten. Die Behandlung bliebe in jedem Fall die gleiche, egal wie der Befund ausfiele, eine kombinierte Chemo- und Strahlentherapie. Meine Einwilligung setzte er als selbstverständlich voraus. Die Strahlentherapie sollte mit einer Dosis durchgeführt werden, wie sie überhaupt nur Kindern mit ihren unverbrauchten Lebenskräften zugemutet werden konnte, der doppelten Dosis wie bei Erwachsenen. Und was er zu der Chemotherapie sagte, hörte sich nicht viel besser an. Zu der Frage nach den Nebenwirkungen wollte auch er sich nicht äußern. Vielleicht wollte er nicht schuld daran sein, dass mein Schock noch größer wurde.

Später bei Melanie, lächelte sie mir zu. Sie wusste, dass ein wichtiges Gespräch stattgefunden hatte, aber sie war nicht sehr neugierig auf das Ergebnis. "Geben sie mir überhaupt eine Chance, die Ärzte ...", sagte sie. Ich war immer noch erschlagen von der Konfrontation mit der ungeschminkten Wirklichkeit, aber sie verlor ihr Lächeln nicht. "Du! Ich habe etwas so Schönes geträumt! Ich habe schon den ganzen Tag gewartet, es dir zu erzählen." Sie erzählte, wie sie im Traum ihrer Mutter begegnet war, die sie an die Hand genommen und aus dem Krankenhaus herausgeführt hatte.

Mir war elend zumute. Melanie sollte diesen aggressiven Therapien ausgeliefert werden, dabei gaben sie ihr praktisch null Überlebenschancen! Der Radiologe ließ keinen Zweifel daran, dass es andere Möglichkeiten nicht gab. Bei der Frage nach alternativen Behandlungsmethoden, lehnte er sie als unwissenschaftlich ab.

Als ich die Frage trotzdem an Mediziner stellte, die vertraut waren mit alternativer Krebstherapie, waren sie sehr zurückhaltend, konnten das allerdings auch begründen. Anders als in der Schulmedizin, die die Ausrottung entarteter Zellen verfolgte, sollte hier das Immunsystem angeregt werden einzugreifen. Bei Hirntumoren aber konnte es zu unkontrollierbaren Reaktionen kommen, die die Symptome noch verstärkten. Die zur Verfügung stehenden Mittel durften höchstens in starker Verdünnung angewendet werden. Auch wenn keine Hoffnung gemacht wurde, es könnte mehr sein als eine unterstützende Behandlung, vereinbarten wir ihre Mithilfe. Wie dann mit dem Radiologen ins Reine kommen, war eine andere Frage.

Was sich erfahren ließ über die schulmedizinische Therapie, war, dass sie nach den "Internationalen Protokollen" ablief – Richtlinien, die wissenschaftlich ausgearbeitet und auf der ganzen Welt anzuwenden waren. Die Daten aller Behandlungen wurden dabei gesammelt und ergaben Grundlagen für weitere Richtlinien, die wiederum solange anzuwenden waren, bis sich das Verfahren als Erfolg oder Misserfolg herausstellte. Globale Experimente also mit einem Schema, dem sich jeder in gleicher Art zu unterwerfen hatte.

Die Ärzte der verschiedenen Richtungen schienen noch am ehesten die Strahlentherapie zu bejahen. Mangels besserer Gesichtspunkte blieb nichts übrig, als dem zuzustimmen, auch wenn niemand irgendwelche Hoffnungen machte. Doch wenn die Sprache kam auf die von den Internationalen Protokollen geforderte Chemotherapie, bei der der ganze Körper mit Zellgiften überschwemmt würde, um in einem vergleichsweise winzigen Bereich die entarteten Zellen abzutöten, so weit, dass der Mensch selber dabei gerade soeben noch am Leben blieb, war die Antwort in den Gesichtern der Ärzte schon zu lesen. Sie schätzten das Ganze nicht anders ein als eine letzte verzweifelte Manipulation – sie sagten es nur nicht.

Alles, was so herauszufinden war, sprach bei dieser Sachlage gegen die Chemotherapie. Melanies Reserven waren schon so aufgezehrt, dass sie alle Kräfte brauchte, um überhaupt auch nur ihren Alltag durchzustehen. Außerdem war mir wichtig, auf die Akzeptanz der zusätzlichen alternativen Behandlung zu beharren.

Doch dass man sich bei der "Konkurrenz" umschaute, wurde nicht sehr geschätzt. Bei meiner Vorsprache im Krankenhaus nach tagelangem Gedankenwälzen zeigte man rundweg die kalte Schulter. Der Radiologe war abwesend auf einem Kongress, der Stationsarzt und der Oberarzt hatten Ferien und der Stellvertreter wollte sich nicht einmal sprechen lassen. Er ließ seinen Bescheid durch einen Assistenten ausrichten: Die Behandlung werde nach Angabe des Radiologen durchgeführt und nichts anderes! Wer das nicht akzeptiere, dem stünde es frei, auszutreten. Das war alles – kuschen oder austreten.

Ja, so war das nun! Doch warum eigentlich nicht? Aufgeschnappten Bemerkungen zufolge war bei der hohen Cortison-Dosierung eine Verschlimmerung, vorerst wenigstens, nicht zu befürchten. Warum also sollte Melanie nicht gerade so gut zuhause sein können? Im Krankenhaus gab es keine Möglichkeit der Einflussnahme auf die Art der Behandlung, zuhause aber konnten wenigstens die unterstützenden Maßnahmen begonnen werden. Medizinische Begleitung war zugesagt. Trotzdem musste alles noch einmal genau durchdacht werden – war irgendwo ein Fehler in den Überlegungen?

Die Frage blieb, wie man mit den Ärzten später wieder ins Gespräch kam, aber für jetzt war es der Austritt! Ein Formular musste unterschrieben werden, auf eigene Gefahr und gegen den Rat der Ärzte zu handeln, und dann waren wir frei zu gehen. Beim Abschied sagte der Assistenzarzt, der mit mir gesprochen hatte, leise etwas wie zu sich selbst. Er sagte: Ich hätte es auch so gemacht.

Melanie war im Wesentlichen auf dem Laufenden gehalten worden, ohne sie zu sehr mit den Einzelheiten zu belasten. Sie hatte sich einen großen und einfachen Grundsatz zurecht gelegt: Sie wollte kämpfen und alles ertragen, was auch nur die geringste Aussicht auf Erfolg versprach. Als sie jetzt die Neuigkeit vernahm, war sie baff. Innerlich hatte sie sich mit den Widerwärtigkeiten der Therapie auseinandergesetzt – und wir packten und fuhren einfach weg. Aber sie hatte das Vertrauen, ohne viel zu fragen die Entscheidung über ihr Schicksal in meine Hände zu legen und war einverstanden. Wir brachten sie im Rollstuhl zum Parkplatz. Dort tat sie die letzten Schritte selber, setzte sich auf den Beifahrersitz und ließ sich durch die Stadt nachhause fahren.

Es war ein seltsames Gefühl, sie so plötzlich

wieder in unserer Mitte zu haben. Die Kleinen strichen um sie herum und schauten verstohlen, ob es tatsächlich die richtige Melanie wäre. Wir anderen versuchten zu tun, als ob nichts Besonderes vorläge. Auf der Terrasse war ein Liegestuhl aufgestellt, dass sie die Herbstsonne genießen möge, doch sie strafte ihn mit Verachtung. Sie ging im Haus und draußen umher und gab sich betont lässig.

Aber es war nicht zu übersehen, dass sie manchmal schwankte und sich an Vorsprüngen festhielt. Wir versuchten, ihr ihr Zimmer mit der steilen Treppe im Obergeschoss auszureden, doch es war zwecklos. Sie hatte ihren eigenen Kopf. Wir waren immer auf dem Sprung für den Fall, dass sie stürzte. Wenn sie eine Stufe nach der anderen nahm, war ihr die Anstrengung auch nicht ohne Weiteres anzusehen, bis einmal ein Bein unter ihr wegknickte. Doch selbst das konnte sie überspielen, indem sie sich mit den Armen am Geländer weiterzog.

Das Wetter blieb beständig und die Tage waren schön. Der Liegestuhl kam endlich doch zu Ehren und wurde zum Mittelpunkt. Die Kleinen verloren ihre Befangenheit und schleppten ihre Spielsachen an. Die älteren Geschwister machten es sich bequem in der Sonne. Schulhefte lagen herum, ohne dass besonderer Fleiß in Sachen Hausaufgaben zu bemerken war. Der Einfachheit halber wurde an Ort und Stelle gegessen und die leeren Teller schob man unter die Liege. Es ging um ihre Freunde, um ihre Wünsche und Zukunftspläne und Melanie gab sich, als gedächte sie morgen schon in diese ihre Welt zurückzukehren.

Wenn wir alleine waren, kam eine nachdenklichere

Stimmung auf. Hatten wir eine Zeit lang geschwiegen, fing irgendwie ein Gespräch an.

"Weißt du, dass ich dich manchmal beneidet habe?" fragte sie.

Nein, das war mir neu, ich hätte eher das Gegenteil vermutet.

"Doch", sagte sie, "was du alles erlebt hast – wenn du erzählt hast von früher ..."

Früher. Ach so! Das waren die Goldenen Zeiten, in denen noch etwas los gewesen war in der Welt. Kinder waren dankbare Zuhörer; sie spornten geradezu an, die Dinge spannender geraten zu lassen, als sie eigentlich gewesen waren. Die Zwischenzeiten, in denen man sich mehr schlecht als recht durchs Leben geschlagen hatte, ließ man einfach weg. Früher – das war die Zauberformel, nach der sie Abend für Abend Geschichten hören wollten, solange sie noch nicht alt genug waren, selber welche zu machen. Meistens ging es um Abenteuer und Reisen.

"Am liebsten wäre ich dabei gewesen", sagte sie, "heute kann man das nicht mehr erleben, das gibt es doch gar nicht mehr ..."

Da hatte sie Recht; die Welt von Gestern war im Heute nicht mehr zu finden. Dafür aber die Welt von Morgen, die Zukunft selber! Hinter jeder Ecke konnte die Begegnung warten, die dem ganzen Leben seinen Sinn gab.

Sie zog eine Augenbraue hoch. Mein Zweckoptimismus war leicht zu durchschauen.

Vielleicht, dass ein anderer Gedankengang förderlicher war: Was waren schon Abenteuer? Nur Seifenblasen! Ging's schlecht aus, verwünschte man sie, ging's gut, ärgerte man sich, dass sie zu Ende waren. Das wirklich Wichtige im Leben lag woanders!

"Wo denn? Erzähl mal!"

Da gab es zum Beispiel ein Buch, das mich länger beschäftigt hatte als alle Abenteuer zusammen, wirkliche plus erträumte.

"War das eines von deinen Bio-Büchern?"

Wie man es nahm. Es war der Anfang gewesen des Weges zu mir selber.

"Und?"

Ich war immer noch nicht fertig damit.

"Das muss aber ein dicker Schmöker gewesen sein!"

Nicht mal! Es war auch eigentlich nichts zum Schmökern, sondern etwas zum Nachdenken.

"Ist was rausgekommen dabei?"

Jedenfalls die Einsicht, dass es auch innere Werte gab im Leben.

"Auch recht", sagte sie. "Aber – ich würde viel lieber all das erleben, was ihr erlebt habt. Es muss doch schön gewesen sein."

Das ließ sich nicht abstreiten, aber vielleicht würde das Schöne ja auch für sie noch Wirklichkeit werden.

"Mit einem Tumor?"

Vielleicht, dass man das Leben dann erst richtig zu schätzen lernte?

"Wenn man es überhaupt noch erlebt", flüsterte sie und schaute vor sich hin.

Wie im Krankenhaus an jedem Tag der Neurostatus zur Kontrolle gemacht worden war, sollte sie auch zuhause die entsprechenden Übungen ausführen. In der Anfangszeit ging es einigermaßen, doch dann wurde sie immer unbeholfener in ihren Bewegungen, so dass wir nichts Gutes ahnten. Es konnte mit dem

Radiologen, der von seinem Kongress zurück war, ein Termin abgemacht werden. Er war nicht erbaut gewesen von meiner Entscheidung, aber brach den Kontakt nicht ab.

Am Vorabend des Termins setzten wir uns wie immer zu Melanie, doch sie mochte weder zuhören, noch selber etwas sagen. Auf ihrer Stirn waren Falten, als ob sie Schmerzen hätte. Bei unserem abendlichen Beisammensein war der Tag sonst in angeregtem Geplauder ausgeklungen, doch als wir jetzt an ihrem Bett saßen, drehte sie sich zur Wand und zog die Decke über sich. Es zuckte darunter. Sie weinte.

In der Nacht war keine Ruhe zu finden, ich wälzte mich hin und her und fiel erst gegen Morgen in einen dumpfen Schlaf. Daraus plötzlich aufgeschreckt, stand Melanies ältere Schwester im Zimmer, mich zu holen. Schon von der Türe aus waren schrille Schreie zu hören.

Sie hatte sich in ihr Bettzeug verkrallt und schrie. Ein Sprung ans Telefon und alle Nummern wählen, die sich finden ließen! Wer überhaupt erreichbar war zu solch früher Stunde, vermutete, dass die Ventil-Ableitung nicht funktionierte und sich Druck im Kopf aufbaute. Endlich war der Neurochirurg am Apparat, der Melanie operiert hatte. Das System wäre kaum störanfällig, sagte er und befürchtete andere Ursachen. Was es auch sein mochte, das Mädchen musste auf dem schnellsten Wege zurückgebracht werden.

Der Rettungswagen kam. Auf der engen Treppe blieben wir fast mit der Bahre stecken. Melanie erbrach und die mitgekommene Krankenschwester hatte alle Hände voll zu tun. Die Kinder starrten uns fassungslos nach.

In der Notfallaufnahme stand der Chirurg bereit. Er tastete ihr den Kopf ab, doch das Ventilsystem schien in Ordnung zu sein. Er ließ sie in den Röntgenraum bringen. Als die Bilder vorlagen, trafen auch die Stationsärzte ein, die aus den Ferien zurück waren, und der Radiologe. Sie befanden sich zu weit entfernt, als dass etwas zu verstehen war von ihrem Gespräch, aber es schien zum größten Teil aus Schweigen zu bestehen. Melanie lag leblos auf der Bahre. Eine Studentin, die ihr Praktikum auf der Station absolvierte, trat zu ihr und streichelte ihren Arm.

Die Ärzte kamen herüber. Ohne auf Meinungsverschiedenheiten einzugehen, schüttelten sie mir wortlos die Hand, fast wie bei einer Kondolation. Der Radiologe bemerkte nur knapp, dass die Behandlung meinem Entscheid entsprechend durchgeführt werde, ohne Chemotherapie. Was sonst besprochen worden war, behielten sie für sich. Später kam es mir von anderer Seite her zu Ohren: Ein Wunder, dass das Mädchen noch lebte.

Sie wurde auf eine Station tranportiert. Die dort zuständige Ärztin machte ein Einzelzimmer frei für sie und begann sofort mit ihren Maßnahmen. Dann wollte sie mich sprechen in ihrem Büro, einem Glaskasten hoch über der Stadt. Die Symptome und das neue CT deuteten auf ein schweres Oedem im Gehirn. Die Medikamente waren verabreicht. Wenn es besser würde, dann schnell, andernfalls ... Sie fragte, wer benachrichtigt werden sollte.

Niemand, mein Platz war hier!

Sie wollte wissen, wie Melanie selber zu ihrer Krankheit stand.

Was war es genau, das sie wissen wollte?

Sie fragte direkter: "Hat sie sich abgefunden

damit? Ist sie bereit – zu sterben?"
Nein, gab es darauf nur die eine Antwort, sie würde kämpfen bis zum Letzten.

Sie lag blass und reglos in ihren Kissen, die Augen geschlossen und ohne Anzeichen von Bewusstsein. In regelmäßigen Abständen kam eine Schwester, öffnete vorsichtig die Augenlider mit Daumen und Zeigefinger und leuchtete mit einer Taschenlampe die Pupillen ab. Sie verengten sich wie sie sollten, wenigstens das. Der Atem ging stoßweise, mit der ruckartigen Ausatmung, die jedes Mal befürchten ließ, dass sie ganz aussetzte. Alles Übel schien in diesen unheimlichen Atemgeräuschen zu liegen, auf die man in banger Erwartung lauschte, sie ruhiger werden zu hören.

Es wurde Mittag, Abend, Nacht. Die Schwestern schauten weiterhin nach den Pupillenreflexen. Sie schauten sich auch den Vater genauer an und nahmen ihn mit in ihren Aufenthaltsraum, um ihn zu behandeln mit Kaffee und belegten Broten. Die Nachtschwester stellte eine Liege neben das Bett und brachte zwei Decken. Nach Mitternacht wurde die Atmung ruhiger.

Nach einem letzten Blick von oben auf die Lichter der Stadt ließ die innere Anspannung endlich nach. Im Halbschlaf auf meiner Liege waren noch die Atemgeräusche wahrnehmbar und der Lichtschein der Taschenlampe, wenn die Schwester leise alle halbe Stunde hereinhuschte, nach dem Rechten zu schauen.

Am Morgen saß Melanie aufrecht im Bett. Das Verhängnis war vorübergegangen, die Medikamente hatten gewirkt. Sie bekam einen Kuss und konnte für das Weitere getrost der Obhut der Schwestern überlassen bleiben. Sie kamen schon mit dem Frühstück. Das Nächste war jetzt zu schauen, wie es dem Rest der Familie ginge.

5. Spinnst du? Ich bin doch krank!

Zu dem, was geschehen war, wollten sich die Ärzte, gleich welcher Richtung, nicht äußern. Die Ursache des Oedems blieb im Ungewissen.

Mit der Vorbereitung für die Bestrahlung wurde begonnen. Um die Strahlen genau auszurichten, wurden Messungen vorgenommen. In ein Formstück konnte der Kopf eingespannt werden, um ihn exakt in seiner Lage zu halten. Die Daten waren zusammengefasst in einem Computerprogramm, das die Bestrahlung vollautomatisch ablaufen ließ.

Das Ganze wurde zur Dokumentation festgehalten mit einer Kamera. Melanie bekam ein Foto und so gab es auch für mich einen bildhaften Eindruck von dem, was in der Radiotherapie ablief. Das Bild zeigte den eingespannten Kopf; mit dem Gesicht nach unten lag der Körper ausgestreckt auf einem elektrohydraulisch verstellbaren Tisch, über den ein weißes Laken gebreitet war.

Die Maßnahmen der Alternativmedizin waren akzeptiert, was in der Praxis auf ein stillschweigendes Dulden hinauslief. Man hatte selber für die Anwendung zu sorgen. Doch was es brachte, wer wusste das?

Zwei Tage nach ihrer Wiedereinlieferung stand Melanie alleine auf und kämpfte sich verbissen an den Wänden entlang Schritt für Schritt bis zum WC. Hilfe lehnte sie schroff ab. Es regte sie schon auf, wenn jemand zuschaute.

Die Stationsärztin ließ sie gewähren. Sie hatte die Erfahrung gemacht, dass jugendliche Patienten die angestauten Qualen auf ihre Art abreagieren ten. Aggressionen entluden sich, deren Zielscheibe vorrangig die Angehörigen waren. Von ihnen wurde die Übellaunigkeit vielleicht noch am ehesten verkraftet durch das weiter bestehende Band der Zuneigung. Doch die Ärztin hatte schon manche verzweifelte Mutter gesehen, die ihr Kind kaum noch wiedererkannte.

Auch bei uns gab es Abende voll schlechter Laune. Nichts ließ sich recht machen; Ansätze, das richtige Wort zu treffen, missglückten. Als es endlich langte, gab ich zurück: Jeden Tag durch den dicken Feierabendverkehr fahren, um bei ihr zu sein und dann nur angeblafft zu werden – saure Kost, wahrhaftig! Erschrocken hielt sie inne, als würde ihr ein Spiegel vorgehalten, in dem sie etwas Hässliches sah. Sie fing an zu weinen, drehte sich auf das Gesicht und konnte nicht mehr aufhören. Versuche, etwas wieder gut zu machen, scheiterten. Der Abend ließ sich nicht mehr retten.

Daneben gab es noch die andere Melanie, die Zukunftspläne machte, auch wenn es nur mit einer Portion Galgenhumor gelingen wollte. Als einmal das mühselige Geschäft des Essens erledigt war und sie die Überreste von sich schob, sagte sie: "Es soll bloß niemand meinen, dass ich jetzt eine Betschwester werde! Wenn ich gesund bin, gehe ich mich als Erstes besaufen!" Einverstanden. Das musste auch sein in einem Leben, das Alkohol nur als Medizintropfen kannte.

Die schwankende Stimmung war Anlass für wohlgemeinte Ratschläge. "Sie dürfen gerne die Hilfe unserer Psychologen in Anspruch nehmen", sagte die Ärztin. Ach ja? Danke! Aber waren Psychologen, die Spezialisten der Seele, auch Sorger der Seele? Hätten sie wirklich eine Antwort für das, was Melanie innerlich so bedrängte: Was jenseits der Grenze liege, von der sie vielleicht nicht mehr weit entfernt war? Es hätte wahrscheinlich nur geheißen: Das Kind muss abgelenkt werden! Klarer Fall, und es wäre für den Augenblick nicht einmal das Schlechteste.

Eines Abends kam mir die Eingebung, sie zu provozieren: Warum nicht alles aufschreiben, was sie erlebte? Das ließ sich vielleicht einmal gebrauchen! Irgendwann würde sie ja in der Schule eine Abschlussarbeit zu schreiben haben über ein frei zu wählendes Thema. Der Fantasie waren keine Grenzen gesetzt.

Sie war empört: "Spinnst du? Ich bin doch krank!"

Eben deshalb!

"Wieso deshalb? Wenn ich gemein wäre, würde ich dir mal so etwas wünschen!"

Warum so eingeschnappt? Wenn sie die Arbeit abzuliefern hätte, brauchte sie nur ihr Tagebuch vorzulegen. Das würde ein ganzer Roman sein für sich.

"Geht's eigentlich noch? Glaubst du, ich schreibe alles auf, damit es jeder lesen kann?"

Es war auch nicht zu glauben, aber schade um die schöne Idee. Es wäre die perfekte Ablenkung gewesen. Die ständig im Kopf kreisenden Gedanken sauber formulieren und aufschreiben – und dann zuklappen und vergessen!

Doch meine Einschätzung von ihr war falsch. Sie fing tatsächlich an, Tagebuch zu schreiben. Nur war es streng geheim. Sie konnte es sogar abschließen und niemand bekam etwas davon zu Gesicht.

Körperlich wurde sie immer hinfälliger und seelisch immer verschlossener. Manchmal war kaum noch der Sinn der täglichen Besuche zu sehen, wenn man spätabends zurück nachhause fuhr. Anderen Besuchern gegenüber konnte sie ihre Umgangsformen wahren und Selbstsicherheit vorspiegeln, mich aber ließ sie den Wechsel spüren von Tränen zur Misslaunigkeit und umgekehrt. Sie hätte sich wünschen dürfen, was sie nur wollte, aber wie war sie überhaupt noch zu erreichen? Alle bisherigen Werte zerkrümelten ihr zu einem Nichts.

Nur manchmal blitzte die alte Keckheit wieder auf. Als mir einmal die Nerven durchgingen und sie mich lospoltern sah, lächelte sie plötzlich: "Ach schön! Ganz wie früher! Mal was anderes, als immer in Watte gepackt zu werden."

Ihr Verhalten war, als ob sie mit einem Schlag gewollt hätte, was sich in ihrem Alter nach und nach entwickeln muss: Selbst urteilen, selbst entscheiden, selbstständig sein überhaupt. Aber sie hatte keine Zeit, es langsam reifen zu lassen und so zeigte es sich in einer Form wie krasser Egoismus. Manchmal durfte man nicht einmal einen Schluck von ihrem Tee haben, wenn man Durst hatte. Dabei trank sie ihn gar nicht! Sie wollte nur bestimmen über das Wenige, über das sie noch selbst bestimmen konnte.

Das musste man erst begreifen lernen: Sie bemühte sich verzweifelt, die Fähigkeiten ihres Alters zu erüben. Aber das Übungsfeld wurde ihr beschnitten, bis es sich nur noch auf den engen Umkreis ihres Bettes erstreckte – und auf mich.

Die Stimmung dieses Lebensabschnittes spiegelte sich in ihrem Tagebuch, das lange vor uns verborgen war, bis sich dann später die Geheimhaltung erübrigte. Ausschnitte davon zu bringen, wird jetzt kaum noch eine Indiskretion sein. Fehlerbereinigt; denn wer liefert schon auf Anhieb ein druckreifes Manuskript in einem Zustand ständiger Schmerzen.

Dienstag, 15. Oktober

Ein Tagebuch anfangen ist eine schwierige Sache, aber es dann auch weiterführen ist noch schwieriger. Ich habe schon oft ein Tagebuch angefangen und bin nie weit gekommen. Meistens habe ich das Geschriebene nach dem ersten Durchlesen gestrichen oder wieder herausgerissen. Einmal aber habe ich das Büchlein zur Sicherheit gleich nach dem Schreiben in die hinterste Ecke vom Schrank verstaut und erst nach einem halben Jahr wieder hervorgeholt. Beim Durchlesen fand ich es schon nicht mehr so doof, sondern eher lustig.

Wieso schreiben eigentlich so wenige Tagebuch? Ich glaube, die meisten haben Angst – so wie ich – dass es einmal jemanden in die Finger fällt, der es liest. Das wäre sehr peinlich, denn in ein Tagebuch schreibt man ja seine geheimen Gedanken, die sonst niemanden was angehen.

In dieses Tagebuch möchte ich versuchen, alles einzuschreiben, was mir in den Sinn kommt, auch wenn es mir peinlich ist. Leider ist meine Schrift etwas schitter, aber ich kann es ja noch lesen. Vielleicht sieht man mit der Zeit, wie sie wieder gleichmäßiger wird. Es ist sowieso mein erster Schreibversuch seit dem letzten Rückfall am Dienstag vor einer Woche. Seitdem funktioniert meine rechte Seite wieder weniger. Wenn ich mir furchtbar Mühe gebe beim Zeichnen, so sieht es nicht unbedingt schlechter aus als vor der Krankheit, aber ich habe dazu viel länger gebraucht und die Sicherheit ist einfach weg. Früher konnte ich drauflos kribbeln. Doch jetzt muss ich jedes Strichchen genau abmessen und ein paarmal nachfahren, bis es stimmt.

Heute hatte ich meine erste Bestrahlung. Komisches Gefühl. Eigentlich bin ich froh, dass man angefangen hat, aber ...??? Weh tut es nicht. Ein bisschen mulmig ist mir geworden und das ganze Drum und Dran ist mühsam. Mit der Zeit treten dann bestimmt Nebenwirkungen auf wie Übelkeit, Haarausfall, schlechte Haut, schlechte Laune usw. Am schlimmsten finde ich, dass ich nicht weiß, was nachher ist. Wenn man weiß, dass danach alles überstanden und zu Ende ist, wäre es nur halb so schlimm, aber man hat ja keine Garantie.

Ich könnte eigentlich immer aufschreiben, was ich für den nächsten Tag vorhabe. Also: Gute Laune und nicht niedergeschlagen sein. Sehr wichtig!

Mittwoch, 16. Oktober

Heute war kein guter Tag. Erst der zweite Bestrahlungstag und mich stinkt es schon jämmerlich an. Es ging mir auch sonst nicht so gut. Ich hatte wieder starke Bauchschmerzen und Kopfschmerzen. Das Bestrahlen ist eigentlich nicht so schlimm, es dauert nur etwa 15 Minuten, aber das ganze Drum und Dran mit dem Transport ist mühsam. Ich muss immer schauen, dass ich mit dem Rollstuhl gehen kann. Ich habe heute so eine schlechte Laune, dass ich am liebsten nur noch fluchen würde. Zu den Schwestern bin ich natürlich nett, aber Klaus und die anderen habe ich ziemlich angemeckert. Auch wenn etwas nicht ganz richtig klappt wie zum Beispiel das Schreiben, werde ich ungeduldig und rege mich furchtbar auf. Ich hoffe, es geht morgen wieder besser. Heute hat es keinen Sinn mehr, noch viel zu schreiben. Ich habe Angst, dass ich jetzt gleich vor Ungeduld mein Tagebuch zerfetze oder sonst was anstelle und das wäre schade.

Donnerstag, 17. Oktober

Morgens hatte ich ziemlich starke Kopfschmerzen, doch die Bestrahlung ging gut. Aber es kostet mich doch immer viel Kraft und Überwindung. Samstag und Sonntag lassen sie mich hoffentlich in Ruhe.

Die Schwestern und Ärzte hier sind alle nett. Frau Dr. S. meint immer, mir sollte es psychisch – blödes Wort – schlechter gehen, aber den Gefallen mache ich ihr nicht. Schwester Ellen nimmt sich viel Zeit mit mir. Es wird fast schon peinlich, ist aber ganz toll für mich. Vielleicht verlegen sie mich ins Kinderspital. Ich kenne da niemanden und vielleicht treffe ich es auch saumäßig blöd – aber ich will mal wieder etwas anderes kennen lernen.

Meine Klasse spielt jetzt "Ein Inspektor kommt", ohne mich! Sie haben die Rollen schon verteilt. Ich hätte nicht erwartet, dass sie es doch noch schaffen.

Ich hätte natürlich gerne die Rolle des Inspektors gehabt. Ich bin nicht eingebildet, wenn ich sage, ich hätte das schon gekonnt, auch wenn die ganze Schule über mich gelacht hätte. Jedenfalls am Anfang. Es sind immer die vielen Vorurteile, die man einfach nicht loswerden kann. In der Schule war ich nämlich immer *die kleine, nette, hilfsbereite Melä. Zuhause hingegen bin ich ganz anders. Genau das Gegenteil. Wie ich nämlich wirklich bin, weiß niemand. Nicht einmal ich genau. Es soll sich niemand einbilden, mich zu kennen.*

Freitag, 18. Oktober

Heute kam eine fremde, aber sympathische ältere Dame. Ich hatte keine Ahnung, wer sie war und sie hat mich auch nicht gekannt. Sie fragte, ob ich Melanie wäre und ich dachte zuerst, sie wäre eine Seelsorgerin oder so etwas. Wir waren beide etwas verunsichert. Es stellte sich heraus, dass sie eine Cousine von Mueti ist. Also mein Großvater war ihr Onkel. Sie heißt Margret. Wir haben uns sehr gut unterhalten über Verwandtschaft usw. und mir schwirrt immer noch der Kopf, so kompliziert ist das, aber ich blicke jetzt schon besser durch. Sie ist sehr lieb. Sie hatte auch einmal Strahlentherapie wegen Hautkrebs. Es geht ihr gut und sie hat davon gesprochen, als wäre es etwas ganz Normales. Es gibt wohl viele Leute, die so etwas haben und es überleben. Man spricht sowieso immer nur von denen, die daran sterben.

Abends große Diskussion mit Klaus. Jedes Mal bin ich verwirrter als vorher. Ich komme manchmal gar nicht mehr nach! Mein großes Problem ist, ich kann mich nicht so ausdrücken, wie ich gerne will und darum entstehen immer Missverständnisse. Außerdem habe ich schon einen furchtbaren Dickschädel, wie Klaus sagt. Wenn er mir vorschlägt, ich sollte ein Tagebuch führen, so muss ich zwar zugeben, dass es wirklich gut wäre, aber weil er es vorgeschlagen hat, mache ich es extra nicht. Klar, habe ich angefangen zu schreiben, aber ich musste mich doch überwinden, es ihm zu sagen. Er hätte es ja sonst nicht geglaubt. Ich bin furchtbar verkorkst und kann mich nicht so geben wie ich bin.

Je länger ich darüber nachdenke, umso schwieriger wird es. Mir kommen beim Schreiben immer mehr und mehr Gedanken, aber ich komme mit dem Schreiben nicht nach. Jetzt ist es sowieso noch schwieriger mit meiner halb gelähmten Hand. Immer wenn ich mühsam einen Satz geschrieben habe, habe ich den Rest schon wieder vergessen und zum Schluss ist nur Blabla geschrieben. Das richtig Wichtige ist schon wieder weg, nicht unbedingt vergessen, aber einfach zu schwierig aufzuschreiben. Man kann gar nicht alles aufschreiben, was einem in den Sinn kommt, darum muss ich unbedingt lernen, das Wichtigste kurz und verständlich zu formulieren. Vor allem wenn man versucht auch einen etwas guten Schreibstil zu haben. Man weiß ja nie, wer es doch einmal liest. Wenn ich mal am Schreiben bin, geht es, aber bis ich mich dazu aufgerafft habe ... uff, uff, uff ...

Samstag, 19. Oktober

Habe das ganze Buch "Siddharta" oder so von Hesse gelesen. Eigentlich sehr gut. Zum ersten Mal seit langer Zeit wieder am Tisch gegessen. Keine Kopfschmerzen. Ruth war da und wir haben lange Gespräche über die Zukunft geführt. Ich bin ganz durcheinander, weil ich einfach nicht herausfinden kann, ob die Pläne wirklich einmal möglich werden. Dazu brauche ich wieder lange Nächte. Ich ordne noch meine Sachen, und will mir vornehmen, morgen wieder richtig aufzustehen, aber vielleicht geht das nicht. Probieren wir's mal.

Sonntag, 20. Oktober

Müde, müde, müde und Kopfschmerzen, aber ich schlafe natürlich auch fast nicht mehr. Es wird bestimmt ein anstrengender Tag, besonders wenn ich jetzt schon Kopfschmerzen habe. Die Schrift wird auch immer schlimmer. Eigentlich will ich noch alles Mögliche aufschreiben wie zum Beispiel Träume vom Mueti, wie meine ganze Krankheit angefangen hat, sonstige Gedanken, meinen Tagesablauf und vieles mehr ... Aber es ist anstrengend.

Ich habe schon öfters von Mueti geträumt und immer so, als wäre sie noch bei uns. Vor etwa drei Wochen träumte ich einmal, Mueti käme einfach so in mein Zimmer herein. Sie holte mich aus dem Bett und führte mich an der Hand durch den Krankenhausgang, der am anderen Ende in den Gang beim 9. Klass-Zimmer in der Schule mündete. Ganz so als fände sie, ich hätte nun genug Zeit im Krankenhaus vertrödelt und müsse jetzt wieder ins Leben und in die Schule zurück. Es war alles ganz natürlich und ich habe mich sogar ein bisschen geniert, wie ein kleines Kind von Mueti in die Schule gebracht zu werden.

Ich will damit nicht sagen, dass es so kommen wird. Es war mehr wie eine Bitte, dass es so kommen möge, aber der Traum hat mir doch sehr viel Hoffnung gemacht und ich denke oft noch daran. Wie bin ich eigentlich dazu gekommen, so etwas zu träumen? Ich habe nämlich damals ziemlich wenig an Mueti gedacht. Aber ich vermisse sie jetzt immer mehr.
Montag, 21. Oktober

Heute morgen hatte ich ziemlich starke Kopfschmerzen, auch im Liegen. Jetzt ist es nicht mehr so schlimm, aber ich kann mich einfach nicht aufsetzen. Das schlägt mir auch auf den Bauch, denn ich sollte schon lange wieder einmal aufs WC. Diese ewigen Darmgeschichten!

Die Bestrahlung ging gut. Ich konnte im Bett hinunter. Komisch ist es schon, so im Bett durch das ganze Krankenhaus kutschiert zu werden, doch ich kann es mir ja schließlich leisten. Die Müdigkeit würde mir nicht viel ausmachen, aber der Kopf ... Er braucht immer am meisten Überwindung. Zeichnen kann ich nur am Tisch, leider. Ich habe gemerkt, dass ich es noch nicht verlernt habe, aber ist es nicht mehr so wie früher.

Dienstag, 22. Oktober

Heute war mein letzter Tag und ist meine letzte Nacht auf der Station. Morgen werde ich ins Kinderspital verlegt. Jetzt, wo es soweit ist, freue ich mich über die Verlegung, obwohl ich nicht weiß, was mich drüben erwartet. Im Moment ist in meinem Kopf wieder ein so großes Durcheinander, dass ich gar nicht durchblicke.

Manchmal habe ich das Gefühl, niemand versteht mich – stimmt ja auch – doch das Schlimmste ist, ich verstehe mich selber überhaupt nicht, nur weil ich mich nicht richtig ausdrücken kann. Muss ich halt auch lernen. Darum ist Schreiben das Beste, weil man dabei Zeit hat, alles nochmal zu überdenken und richtig zu formulieren.

Ich bin in letzter Zeit oft ungeduldig und gereizt gegen Klaus und die anderen von der Familie. Mir ist jedes Mal wieder richtig bewusst, dass das Leben draußen auch ohne mich weitergeht. Das ist auch vollkommen richtig, aber ich muss probieren, mir nie die Frage zu stellen: Warum gerade ich? Erstens bekomme ich keine Antwort und zweitens, warum denn nicht ich? In den Bio-Büchern – das ist überhaupt kein Schimpfwort, im Gegenteil – findet man natürlich schon Antwort auf solche Fragen, doch es gibt Tage, da sind sie mir einfach zu ... weiß auch nicht was. Außerdem ist es vielleicht nicht gut, sich in meinem Alter schon zu fest damit zu beschäftigen, denn man muss hier kämpfen und versuchen, die Welt zu verbessern.

Manche werden dabei in den Hintergrund gestellt und das ist für den Betreffenden hart. In diesem Falle bin ich das. Vielleicht sehe ich das aber alles zu schwarz. Hoffnung und Vernunft habe ich vielleicht mehr als andere, aber es ist über allem ein Dämpfer und ein großes Fragezeichen.

Es tönt alles so vernünftig und gescheit, dabei gibt es immer wieder Augenblicke, wo ich mich dagegen auflehne. Manchmal hätte ich Lust, nur noch oberflächlich zu sein. Nur noch Schund lesen, was Gutes zum Essen kriegen, netten Besuch haben, und alles verdrängen. Nicht mehr zu tief darüber nachdenken und nur das Lustige sehen. Aber ich weiß ganz genau, dass dies das Falscheste ist, was ich machen könnte und ich will mir nicht einmal den Vorwurf machen müssen, ich hätte einfach am Leben vorbeigelebt.

Ich möchte lernen, mich durchzusetzen, meine eigene Meinung zu haben und auch zu sagen. Mich nicht zu genieren und einfach alles zu machen, was ich richtig finde, aber hier im Einzelzimmer habe ich keine Gelegenheit dazu. Ich habe mich schon oft selber wegen meiner Rückzieher verachtet, aber nach außen konnte ich so sein, dass es niemand merkte, in der

Schule. Zuhause bin ich ja bekannt dafür, dass ich immer meinen Willen durchstiere und mit dem Kopf durch die Wand gehe, aber zuhause ist es auch leichter. Immer will man sonst in der Menge bleiben und nicht auffallen. Wenn man seine Meinung nicht in der Öffentlichkeit vertreten kann, finde ich das ziemlich schwach. Aber das will ich jetzt lernen.

Alles, jeder Ton oder was auch immer, löst viele Erinnerungen und Szenen aus wie in einem Film, die einen niedergeschlagen machen können. Vor allem, wenn immer das Fragezeichen vorhanden ist. Früher habe ich mir mit meiner blühenden Fantasie alles Mögliche vorgestellt, obwohl ich genau wusste, dass es nicht möglich ist; doch jetzt ist die Realität anders.

So, Ende, schlafen. Ich habe ein bisschen Bammel wegen morgen, aber es wird auf jeden Fall gehen. Nachdem was ich schon alles durchgemacht habe, ist das ja ein Kinderspiel.

Mittwoch, 23. Oktober

Seit heute Morgen also bin ich hier in einem Zweierzimmer. Meine Zimmernachbarin ist ein hübsches, langhaariges zwölfjähriges Mädchen. Ich hätte sie viel älter geschätzt, weil sie einen vernünftigen Eindruck macht. Sie ist gerade an der Chemotherapie, bei der ihr leider ihre schönen Haare ausfallen. Für ihr Alter aber ist sie sehr tapfer. Ansprechen muss ich sie immer. Sie will wohl auch ein bisschen Distanz. Der Altersunterschied ist halt doch da, auch wenn man ihn nicht immer merkt, denn sie ist fitter und kann noch mehr machen als ich.

Ich bin jetzt hier einen Tag und da kann man natürlich noch nicht viel sagen. Doch ich bin ein wenig enttäuscht. Es ist hier alles so kindlich eingerichtet. Aber es ist der erste Tag und ich will noch nicht urteilen.

In der Schule haben sie abgemacht, dass jeder mich besuchen kann, wann er will, auch während der Schulzeit. Ich hoffe, sie nützen es nicht aus. Ich finde es sehr nett von ihnen, aber ich habe immer das Gefühl, ich muss danken oder ihnen auch etwas geben und das kann ich einfach nicht. Geben ist leichter als Nehmen! Mein großes Problem.

Körperlich habe ich mich heute relativ gut gefühlt. Da spielt bestimmt auch die Einstellung eine Rolle, denn vorher habe ich oft gesagt, ich könne nicht, dabei hätte ich vielleicht doch gekonnt. Von jetzt an sollte ich nur noch sagen: Es wird gehen! Und wenn es doch nicht geht, ist es ja auch nicht schlimm.

Donnerstag, 24. Oktober

Ich weiß immer noch nicht, wie es mir hier gefällt. Viele Vorteile und Nachteile. Ich habe wieder einmal so viel nachgedacht, dass es wirklich unmöglich ist, alles aufzuschreiben.

Mit Sprechen habe ich zu viel Schwierigkeiten, um dies alles jemandem zu erzählen. Darum hat Klaus wohl auch das Gefühl, ich sei ein bisschen oberflächlich. Jedes Mal, wenn ich versuche, ihm etwas zu erklären, werde ich ungeduldig und sauer. Weil meistens sonst niemand da ist, blaffe ich ihn an. Aber ich will gar nicht versuchen, Erklärungen zu geben oder meine Gefühle anfangen zu beschreiben, sonst kommt mir mehr und mehr in den Sinn und es entsteht ein Roman.

Freitag, 25. Oktober

Morgen darf ich bis Sonntag abend nachhause. Keine Ahnung, ob ich mich freue.

Karin, drei Jahre alt, ist jetzt hier. Sie ist herzig und angenehm. Sonst gefällt es mir nicht. Aber ich bin und bleibe hier. Nichts zu ändern. Man muss überall das Beste draus machen und Vorteile hat es hier ja auch. Ich werde zwar wie ein Kind behandelt und das nervt mich, aber im Krankenhaus ist ja niemand gerne.

Am liebsten würde ich mich auf eine Insel weit draußen im Meer aussetzen lassen. Ganz einsam. Träume, Träume, immer Träume und Fantasien.

Montag, 28. Oktober

Ich habe natürlich meine Schlüssel verschlampt und darum kann ich erst jetzt schreiben, denn ich habe das Buch abgeschlossen. Übers Wochenende war ich zuhause. Samstag morgen habe ich noch gebadet. Muss ich unbedingt wiederholen, denn es macht Spaß. Danach hat mich Klaus abgeholt. Zuhause hat es mir gefallen, aber es ist auch ein komisches Gefühl. Ich bin jedenfalls immer sehr gereizt oder dem Heulen nahe. Wenn ich dann mal angefangen habe zu heulen, kann ich nicht mehr aufhören und alle sind ganz baff und wollen mir helfen, aber in solcher Situation kann mir wirklich niemand helfen. Darum hänge ich auch immer die Gereizte, die Böse, die Coole oder was auch immer heraus.

Nachmittags zuhause ging es sehr lustig zu und her, aber ich habe richtig Katzenjammer gehabt. Ich wollte Klaus mal etwas von meinen richtigen Gefühlen erzählen, doch da war Besuch und alles war kaputt. Eine gute Gelegenheit, auf die man vielleicht lange wieder warten muss, ist verpasst. Ich hoffe, er versteht mich trotzdem, denn ich zeige mich ihm auch nur von einer Seite.

Obwohl ich anfangs überhaupt nicht nachhause wollte, hat es mich doch angestunken, wieder ins Krankenhaus zu gehen. Als ich dann ankam, war ich zum Glück allein im Zimmer und es war doch nicht so schlimm. In der Nacht aber hatte ich solche Bauchschmerzen, dass ich fast krepiert bin. Gegen Montagmorgen ging es wieder besser. Ich stand sogar ohne Kopfschmerzen auf und habe mich selber gewaschen. Aber danach wurde es so schlimm, dass ich mich wundere, wieviel ein Mensch überhaupt aushalten kann. Jetzt geht es, aber es kommt bestimmt wieder.

Wenn Besuch kommt, dann habe ich immer das Gefühl, irgendetwas mit ihm anfangen oder sprechen zu müssen, dabei habe ich solche Mühe beim Sprechen und Ausdrücken. Ich will nicht, dass sie umsonst kommen und darum bin ich auch nicht glücklich über zu viel Besuch, denn es ist wirklich anstrengend und es entstehen oft peinliche Schweigepausen. Sie bringen mir auch schöne Geschenke, aber davon wird man nicht gesund.

Im Moment geht es mir besser, aber ich habe Angst, es ändert sich wieder. Jeder Tag ist ein Kampf.

6. Worauf soll ich mich freuen?

Melanie hatte ihres akuten Zustandes wegen in der ersten Zeit auf der Neurologie gelegen. Als es so aussah, dass die Radiotherapie routinemäßig stattfinden konnte, war sie auf die Station für krebskranke Kinder verlegt worden, wo sie vom Alter her hingehörte. Sie war noch keine sechzehn Jahre alt und zählte nicht zu den Erwachsenen.

Mit der neuen Station gab es neue Ärzte. Sie hielten von Anfang an auf Distanz. Zu viele Fragen, um selber zu einem Verständnis zu gelangen, waren nicht erwünscht. Die Behandlung wurde nach Schema durchgeführt.

Am Tag nach der letzten Tagebucheintragung war ihr Zimmer geschlossen und verdunkelt. An der Türe hing das Schild: Besucher bitte bei der Schwester melden. Was war los?

Sie war nicht mehr ansprechbar. Die Augen waren geschlossen, den verkrampften Gesichtszügen nach hatte sie Schmerzen und ziemliches Fieber. Um Mitternacht wurde ein Computer-Tomogramm gemacht. Wir rollten ihr Bett im Halbdunkel durch endlose Gänge. Im Röntgenraum saß die Assistentin hinter der Glaswand ihrer Schaltzentrale, vor sich Tastaturen, Anzeigeleuchten und Bildschirme und kaute Kaugummi. Der Röntgenarzt vom Dienst rauchte eine Zigarette auf dem Gang und wartete auf die Bilder. Es ging Melanie immer schlechter und das

Fieber stieg. Am Morgen wurde aus dem Ventilsystem Hirnwasser entnommen und untersucht. Vom Labor kam der Befund zurück: Hirnhautentzündung. Einfach so! Niemand regte sich auf und kommentarlos wurde zur Behandlung geschritten. Es wurde eine Infusion gesteckt und dreimal am Tag Antibiotika eingegeben.

Mit Mitteilungen war man auf der neuen Station sehr zurückhaltend gewesen und bei der Frage, wie die Infektion hatte passieren können, versiegten sie fast ganz. Mir war plötzlich, als ob unter dem Verband der Operationswunde am Kopf noch Flüssigkeit ausgetreten war, ohne dass sich jemand etwas dabei gedacht hatte. Niemandem schien etwas aufgefallen zu sein, auch mir nicht, aber Fragen in Bezug auf mangelnde Hygiene mussten jetzt wohl sehr peinlich sein.

Durch den Verband waren lebensbedrohende Erreger in den Kopf gedrungen. Wie nach und nach herauszufinden war, bestanden unter den Medizinern gegenteilige Ansichten über das weitere Vorgehen. Die Onkologen, die Tumor-Spezialisten, wollten die Entzündung unterdrücken mit massivem Antibiotikaeinsatz. Die Neurologen, auf deren Abteilung Melanie operiert worden war, beharrten auf ihrer Erfahrung, nach der die Erreger aus dem infiszierten Shunt nicht mehr wegzubringen waren. Sie befürworteten eine "Totalrevision", eine Auswechslung des gesamten Schlauchsystems. Zwei Wochen später, als die Antibiotika nichts bewirkt hatten, setzte sich ihre Ansicht durch. Melanie hatte zwei neue Operationen vor sich. Die Bestrahlung wurde fast ohne Unterbruch weitergeführt.

Sie konnte kaum noch etwas essen. Alles

widerstand ihr bis zum Erbrechen. Um einen anderen Geschmack im Mund zu haben als den ihrer vielen Medikamente, wünschte sie sich einen Mundspray, eine handliche Dose, die nach einem Knopfdruck herrliche Frische versprach. Sie versuchte, den Auslöser zu betätigen, mit der rechten Hand, mit der linken, mit beiden – es ging nicht. Sie verbiss die Tränen, zog die Dose mit beiden Händen an sich heran, wendete alle Kraft auf, die sie hatte, und krümmte sich vor Anstrengung. Vergebens. Ab und zu musste wohl ein Fabrikationsfehler vorliegen; wir würden einen neuen Spray besorgen! Bei der späteren Überprüfung des Mechanismus funktionierte er problemlos, wenn auch nicht besonders leicht.

Mitternacht war vorüber und Melanie immer noch hellwach. Trotzdem das Licht gelöscht war, wurde es nicht dunkel im Zimmer, das nur aus Plexiglaswänden bestand, durch die stets von irgendwo her Licht einfiel. Sie konnte nicht einschlafen. Ihre mühsam bewahrte Fassung zerbrach. Ihr Blick wurde verzweifelt und eine Kleinigkeit schon hätte sie vielleicht in Tränen ausbrechen lassen. Mag sein, dass es das Beste gewesen wäre, doch was außer stummer Hoffnungslosigkeit war noch zu erwarten, wenn die Tränen versiegten? Angst und Bitterkeit drohten sie zu überwältigen. Aber die vielen Stunden bei ihr waren nicht vergebens gewesen. Sie war dankbar, dass jemand an ihrem Bett saß.

Die Nachtschwester trat ein. Es war eng. Sie musste sich zwischen dem Klappbett, das für mich aufgestellt war, und dem Infusionsständer durchzwängen, um ihre Handgriffe in dem Dämmerlicht zu verrichten. Sie prüfte die Pupillenreflexe, regelte den

Tropfenzähler der Infusion, rückte das Kopfkissen zurecht und hatte ein freundliches Wort für uns, bevor sie leise hinausging.

Auf dem Tisch lagen Bücher, die Melanie las – Lebensberichte von Menschen, die gegen Widerwärtigkeiten angegangen und dabei über sich hinaus gewachsen waren. Die hätten gekämpft, sagte ich aufs Geratewohl, auch wenn sie keine Sonne mehr gesehen hatten.

"Die konnten sich bewegen! Die konnten sich wehren! Ich muss immer nur einstecken!", begehrte sie auf.

Es musste trotzdem etwas Besonderes gewesen sein, was sie aufrecht erhalten hatte.

"Was?", fragte sie mit tonloser Stimme.

Vielleicht die Sonne selber. Die Menschen verloren den Glauben nicht, dass sie noch da war, auch wenn sie sie nicht mehr sahen. Sie wollten sie wiederfinden und sich wieder freuen.

"Freuen? Frag mal die Ärzte, auf was ich mich freuen kann!"

Die wussten auch nicht alles! Außerdem konnte man Freude überall finden.

"Ich bin nicht überall, ich bin hier! Worauf soll ich mich freuen – hier, worauf?"

Die Frage blieb in der Luft hängen. Nur ihre Mutter hätte ihr vielleicht Antwort geben können. Die bitteren Stunden hatte sie ebenfalls durchgemacht und doch nicht den Mut verloren. Auch sie hatte nach Antworten suchen müssen, als sie wie in einem finsteren Tunnel umherirrte. Sie war aus dem Schlaf aufgefahren mit einem Schrei und hatte am ganzen Körper gezittert, bis sie ihr Gleichgewicht wiederfand. Sie hatte ihr Schicksal vorausgeschaut, doch das gab ihr auch die Kraft, dem Kommenden entgegen zu sehen. Auf eine rätselhafte Art verfielen ihre Kräfte bei einer Krankheit, die nie erkannt worden war.

Sie hatte viele Träume gehabt in dieser Zeit. Ob sie etwas bedeuteten, wusste sie oft nicht; doch einen besonderen Traum gab es, von dem sie erzählte und den sie nie mehr vergaß. In der Erinnerung kehrte sie immer wieder zu ihm zurück und es war ihr, als wäre er die Antwort gewesen, nach der sie so lange gesucht hatte: Sie war in eine Stadt gekommen, ganz aus weißen Mauern erbaut, wie sie nie zuvor im Leben etwas Ähnliches gesehen hatte. Gleichwohl waren ihr Straßen und Gebäude so vertraut, als ob sie nach langer Abwesenheit heimkehrte. In einem Licht, dass sich nicht beschreiben ließ, außer dass es nichts als Güte ausstrahlte, wurde sie empfangen und alle Mühsal fiel ab von ihr. Unter Tränen war sie erwacht.

Trotzdem war eine bange Frage geblieben. Tief innen wusste sie, worauf es hinauslief. "Ich werde allein sein dort, wo ich hin muss", hatte sie gesagt, "wie finde ich dich wieder?" Ich wusste es nicht. Nur, dass wir uns nie verlieren würden, auch wenn Finsternis uns trennte.

Doch all das, wollte man es Melanie jetzt nahebringen – ihr Gesicht blieb hoffnungslos. Das war noch keine Antwort für sie. Worauf sollte sie sich freuen? Hier auf der Erde! Ihr Leben hatte ja kaum erst begonnen hier! Die Worte, nach denen man tastete, konnte sie überhaupt etwas anfangen damit? Für Außenstehende musste es sich, hätte jemand uns zugehört, wie krauses Zeug ausgenommen haben. Erschrocken hielten wir jedes Mal inne, wenn die Nachtschwester wieder hinter uns stand.

Draußen waren fast alle Lampen gelöscht, doch

wir konnten uns in dem fahlen Licht noch sehen. Auf ihr Bett gestützt, fielen mir die Augen zu und die Zunge verwirrte sich, während sie noch hellwach war und mit ihren Fragen rang. Im Inneren konnte sie nicht loslassen.

Meine Kräfte aber kamen an ein Ende. "Worauf soll ich mich freuen?", war ihre Anklage noch wie von ferne zu hören, als mich im Einschlafen die Müdigkeit endgültig überwältigte.

Sie verließ nur selten das Bett. Wenn, dann tat sie nur die zwei Schritte bis zum Tisch. Da saß sie und starrte vor sich hin. An ihrem Infusionsständer, der auf Rollen stand, hingen ständig mehrere Behälter. Der Ständer musste immer neben ihr bleiben, hatte aber wenigstens den Vorteil, dass man sich an ihm festhalten konnte wie an einem fahrbaren Krückstock.

Es war November geworden. Noch hatten die Tage einen goldenen Glanz, während in der Luft schon die prickelnde Frische frostiger Wintertage lag. Melanie saß am Fenster und schaute in die Ferne. Von hier oben schweifte das Auge über das Gewirr der Häuserdächer hinweg. Die Bäume tief unter uns sahen aus wie bloßes Gebüsch. Es war ein unwirkliches Leben für die, die hierbleiben mussten, als ob die Verbindung zu festem Boden verloren war. Geruch von frischer Erde, das Plätschern von Wasser, nackte Füße in taufrischem Gras – alles nur noch eine ferne Erinnerung. Drinnen war die Welt aus Chromstahl, Glas und grellfarbigem Plastik, Schläuchen und Infusionsbehältern; draußen, vor den großen Fenstern, ging der Blick bis zum Horizont in die Weite des Himmels mit seinem wechselnden Spiel des

Lichtes. Der Schein der untergehenden Sonne ließ die Wolken erglühen.

So hatten wir oft stundenlang gesessen und kaum ein Wort war gefallen; das Essen seit dem Mittag unberührt auf dem Tablett. Meine Versuche, etwas zu sagen, waren vor ihrem gequälten Blick im Keim erstickt. Manchmal weinte sie lautlos. Nichts war zu sehen, als dass sich ihre Augen mit Wasser füllten, bis langsam Tränen herabtropften. Worte, die mehr hätten sein können als hohle Phrasen, wollten sich nicht finden lassen. Sie starrte in den Abendhimmel, an dem einzelne Sterne sichtbar wurden.

Das war die Stimmung, in der sie weiter ihr Tagebuch schrieb, wenn sie alleine war mit sich.

Donnerstag, 7. November

Endlich schreibe ich wieder einmal etwas in mein armes Tagebuch. Es ist schon fast vermodert, aber ich konnte mich einfach nicht aufraffen, hatte Schmerzen oder eine verbundene Hand wegen einer Infusion. Letzten Donnerstag hatte ich immer stärkere Kopfschmerzen und sie röngten den Kopf. Am nächsten Morgen entnahmen sie Hirnwasser und fanden eine Infektion im Shunt. Sie haben eine Infusion gesteckt und mit Antibiotika-Therapie angefangen. Ich laufe schon seit einer Woche mit dem Tropf herum, der mich sehr behindert, weil ich den linken Arm gestreckt halten muss. Es ist die sechste Infusion. Alle anderen vorher sind kaputt gegangen. Ich bin schon ganz zerstochen. Wenn das Antibiotika nicht hilft, muss ich nochmals operieren und den

Shunt auswechseln. Vielleicht wäre das besser als so viele Medikamente, die den Körper schwächen.

Gestern hatte ich wieder Schmerzen. Langsam frage ich mich, von wo das wirklich kommt, aber die Ärzte wissen es nicht. Ich habe ständig Angst, es käme wieder, denn jedes Mal bin ich schwächer und brauche Zeit, bis ich wieder Mut und Kraft habe, etwas zu machen. Die Verdauung funktioniert auch nicht. Nach der Verstopfung hatte ich Durchfall, aber es fängt wieder an, ich kann nicht aufs WC. Ich glaube, der Darm ist auch gelähmt.

Klaus hat zweimal hier geschlafen, als es mir so schlecht ging. Wir haben lange philosophiert, aber manchmal habe ich das Gefühl, wir reden aneinander vorbei. Aber nur manchmal. Oft strengt mich das Reden auch an und ich werde ungeduldig und schlecht gelaunt, motze Klaus an oder sage gar nichts mehr, weil ich alles das, was mich bewegt, nicht herausbringe. Ich fange an zu versauern und die Gesunden zu beneiden und mich über sie aufzuregen. Überhaupt wird das Leben immer knorziger, obwohl ich die andere Seite auch noch sehe. Aber ich habe einfach keine Lust mehr. Jeden Morgen der ganze Stress mit dem Waschen, Essen, Bestrahlen, Physiotherapie, fit sein für Besuch, keine Kopfschmerzen haben, zu den Schwestern nett sein und die Angst, dass es wieder schlimmer wird. Den Spruch "Jeden Tag so nehmen, wie er ist und nicht denken, was alles passieren könnte ..." finde ich furchtbar blööd. Klar, er stimmt und man muss es so machen, weil einem nichts anderes übrigbleibt. Aber wenn man schon weiß, wie schlimm es wird, ist das nicht lustig.

Gegen Abend geht's meistens besser, sodass Klaus gar nicht weiß, wie es mir wirklich geht. Er sagt immer, das wären die Nebenwirkungen und nur kleine Wehwehchen, wobei er natürlich recht hat. Aber ich bin es ja, die es aushalten muss. Wenn es mal besser geht, weiß ich schon vorher, dass es nicht bleibt.

Wieso kann es nicht so bleiben! Ich versuche immer herauszufinden, wie es mir geht und ob es normal ist, wenn ich den "Moralischen" habe, denn den habe ich in letzter Zeit immer öfter. Manchmal könnte ich schon bei einem bestimmten Wort, Geruch, Erinnerung, Begegnung, Blick aus dem Fenster, Sonnenstrahl oder vielem anderen anfangen zu heulen. Auch wenn ich jeden Tag in die Bestrahlung gefahren werde und die vielen Menschen in der Eingangshalle sehe, möchte ich entweder am liebsten weinen oder ich beneide sie. Ich muss mir dann jedes Mal sagen, dass ich auch einmal gesund war. Damals bin ich auch durchs Krankenhaus marschiert und habe die Patienten neugierig angeschaut; jetzt fange ich an, mit meinem Schicksal zu hadern. Wieso musste das gerade mir passieren? Ich weiß genau, dass man das nicht sagen soll, aber vielleicht sind solche Gefühle natürlich. Außerdem habe ich mir ja vorgenommen, nicht aufzugeben. Manchmal sehr schwer!

Wir machen uns Gedanken darüber was ist, wenn meine Therapie fertig ist. Ach, es ist alles so unklar. Es sind alles erst Überlegungen und niemand kann sagen, wie viel Erfolg die Bestrahlung überhaupt hat.

Ich habe Angst, Näheres darüber zu erfahren. Darum versuche ich, es aus anderen Dingen herauszuhören und wenn es schlimm ist, kann ich ja immer noch sagen, ich habe mich verhört. Ich bin ein furchtbarer Feigling. Ich verachte mich richtig. Einmal muss ich es ja erfahren. Ich kann mir einfach kein Bild machen. Es ist furchtbar schwierig.

Freitag, 8. November

Morgen kommt Besuch. Wir machen dann bestimmt wieder viele Pläne über die Zukunft. Hoffentlich sind es keine Illusionen. Ich habe ein Päckchen bekommen mit superschönen Kleidern, viel zu schade fürs Spital. Ich habe die Kleider gleich mit nachhause gegeben. Entweder verschenke ich sie oder ich ziehe sie an, wenn ich gesund und aus dem Spital bin. Eigentlich will ich gar nicht so schöne neue Kleider, (obwohl es natürlich supernett ist). Am liebsten laufe ich in alten Klamotten aus der Kleiderbörse herum. Um die ist es wenigstens nicht schade, wenn sie kaputt gehen.

Seit Montag bin ich mit der vierzehnjährigen O. im Zimmer. Sie ist sehr ruhig und hat wohl keine Lust, viel zu unternehmen. Sie hatte auch keinen Besuch außer ihre Eltern. Ich habe Ruhe und kann weitermachen wie bisher. Sie liest Comics und macht alle möglichen Spiele für sich. Wenn ich so fit wäre wie sie – sie kann aufstehen, alles essen, alleine in die Schule und zur Bestrahlung gehen – so würde ich meine Zeit sinnvoller verbringen. Ob es ihr besser geht als mir, weiß ich nicht.

Die Frage "Wie gehts" finde ich die blödeste, die es gibt. Was soll ich darauf antworten? Ja es geht! Ich habe Kopfschmerzen. Ich fühle mich nicht gut! Jetzt wird es hier immer knorziger und mühsamer ... Lachen habe ich schon fast verlernt, aber wenn's auch noch so schlimm ist, Nichtgehen tut es ja nicht. Es geht immer irgendwie weiter, ob man will oder nicht. Mir sind im Moment alle Leute zu gesund. Dabei ist mir natürlich klar, dass die Welt für die Gesunden eingerichtet ist.

Samstag, 9. November

Es ist so richtiges Herbstwetter. Kalt, ungemütlich, trüb, ein grauer und bedeckter Himmel und es fällt ein leiser trauriger Nieselregen. Von meinem Zimmerfenster aus sehe ich viele Bäume, schöne alte Häuser, die große Kreuzung beim Bahnhof und in der Ferne die dicht bewaldeten Hügel. Das Laub der Bäume hat jetzt alle Farben. Vom hellen Gelbgrün übers Orange bis ins dunkle Rot und Blaugrün. Es ist einfach wunderbar. Ich kann gar nicht verstehen, was die Leute an diesem Wetter nicht schön finden – jedes Wetter hat etwas Schönes an sich.

Am liebsten würde ich, in einem warmen Mantel und Schal vermummt, ziellos durch die Straßen schlendern, etwas frösteln, und mir den Regen ins Gesicht nieseln lassen. Ich würde die Altstadt hinunterlaufen und ab und zu in ein Geschäft gehen, um mich etwas aufzuwärmen, die Sachen anzuschauen und die Leute zu beobachten. So könnte ich den ganzen Tag verbringen. Am liebsten ganz alleine und ohne viel zu sprechen. Wenn ich Hunger hätte, würde ich mir eine warme Pizza leisten und sie irgendwo auf einer Treppe essen. Sobald ich müde wäre, würde ich mich in meinem Lieblingslokal an einen kleinen Tisch setzen, etwas Warmes trinken oder essen und einfach den Menschen zuschauen. Es ist freundlich und hell dort mit viel Betrieb. Man kann den Angestellten zuschauen, wie sie die großen Torten garnieren, Salate zubereiten, Früchte auspressen und vieles mehr. Es hat große Fenster, viele Pflanzen und die Gäste sind seriös; es ist keine Raucher- und Bierbude.

Vielleicht würde ich auch ins Kino gehen. Oder

mit dem Tram durch die Stadt fahren. Am schönsten ist es, wenn man den ganzen Tag frei hat, nichts kaufen, suchen, finden, machen muss und einfach den Tag genießen kann.

Aber ich bin so schwach, dass ich fast nicht mehr laufen kann. Wenn ich einmal im Bett bin, komme ich kaum wieder raus. Aber auch Schlafen tut mir nicht gut. Gestern, gegen Nachmittag, hatte ich mich soweit aufgerafft, dass ich aufgestanden bin. Im Gang traf ich Schwester Ellen. Wir setzen uns zusammen vor den Aufenthaltsraum und redeten. Sie ist einfach lieb.

Danach kam F. Sie stürmte mit ihrer ganzen Gesundheit herein und erkannte mich zuerst nicht einmal. Danach schaute sie ganz betroffen drein und fing an, von ihren eigenen Leiden zu erzählen. Sie lag auch einmal wegen einer Operation im Krankenhaus. Sie kann mir also nachfühlen, denkt sie. Das kann sie ganz bestimmt nicht! Mich bedrücken nicht die vielen Wehwehchen, sondern... Sie ist sich jedenfalls sehr gut vorgekommen, weil sie mich besucht hat. Hach, ich hätte nur noch heulen können hinterher.

Wenn alles gut geht, habe ich noch 15 Bestrahlungstage, also genau drei Wochen. Keine Ahnung, wie ich die überstehe. Danach möchte ich erst einmal Ferien machen. Irgendwo, wo mich niemand zum Zähne putzen, waschen usw. drängt. Am liebsten würde ich in einem Lehnstuhl in der heißen Sonne liegen und ab und zu baden, aber es ist ja alles so ungewiss. Gerade habe ich ein bisschen mein Tagebuch durchgelesen. Damals am Anfang ging es mir noch gut. Vor allem psychisch. Mit jetzt ist das gar kein Vergleich mehr. Aber vielleicht ändert sich das wieder.

Sonntag, 10. November.

Es ist strahlendes Wetter. Klaus kommt etwa um zwei und nimmt mich im Rollstuhl ein bisschen nach draußen. Ich freue mich schon, aber immer muss ich mir auch das Heulen verbeißen. Ich kann's gar nicht richtig genießen. Die Welt ist so schön, aber meistens sieht man so etwas erst, wenn man krank ist. Man könnte es auch sehen, wenn man gesund ist, nur hat man dann keinen Grund, darüber zu weinen.

Abends kam Klaus mit Tante Renate. Sie erzählte mir alles über Amerika, was ich wissen wollte. Sie haben gesagt, dass es billige Direktflüge gibt. Klaus meinte, er würde mit mir dahin fliegen und Renate täte uns ein Auto zur Verfügung stellen. Ich würde den Führerschein machen – das ist dort leichter und billiger als bei uns – und danach könnten wir zusammen durch die Gegend fahren. So jedenfalls haben sie sich das vorgestellt, aber ist das nicht alles nur leeres Gerede? Wollen sie mich nicht nur trösten und aufheitern? Glauben sie wirklich daran? Ich kann es einfach nicht herausfinden.

Später hatte ich Kopfschmerzen wie immer und der Arzt verordnete ein neues stärkeres Schmerzmittel. Klaus war nicht so glücklich darüber, aber ich wollte es einmal ausprobieren, ob es nützt. Also haben sie's gespritzt und mir wurde furchtbar schwindlig, wie vor der Operation und ich musste erbrechen. Die Bauchschmerzen und der Druck im Kopf waren weg, aber der Eine Schmerz war noch da. Ich spürte ihn wie durch einen Vorhang, weit entfernt. Bis Mitternacht ging es, bis ich wieder richtig wusste, was los ist. Ich bin langsam überzeugt, dass gegen diese Art von Schmerzen kein Medikament wirkt außer solchen, bei denen ich richtig weg wäre und nur noch schlafen täte. Aber wie soll ich das den Ärzten erklären? Die können sich das ja nicht vorstellen.

Dieses ewige Aua macht mich ganz müde und nebenbei ist es furchtbar schmerzhaft. Ich habe überhaupt keine Ahnung mehr, was ich dagegen unternehmen soll. Am Morgen habe ich Klaus angerufen, dass er mich nachmittags ein bisschen im Rollstuhl herausnimmt. Gegen 1 Uhr kam er mit Renate und den anderen Kindern. Er machte ein Drama und einen so großen Umtrieb um den Ausflug, dass es mir fast zu viel war. Das ist aber normal bei ihm. Als wir dann endlich draußen waren, wurde es doch super. Zuerst verloren wir ihn zwar und mussten ihn suchen, doch zuletzt kamen wir dann doch alle wohlbehalten im Park an.

Dort aßen wir Speckbrötchen und tranken heißen Tee. Die Kleinen spielten am Biotop und ich hatte ständig Angst, es würde jemand hineinfallen. Von da aus bin ich dann den ganzen Weg zu meinem Zimmer selber zurück gelaufen!!!

Danach hat sich Renate verabschiedet, denn sie fährt morgen wieder weg. Wir haben beide geweint. Sie hat mir gesagt, ich soll die Hoffnung nicht verlieren und es passieren Wunder. Muss ich wirklich auf Wunder hoffen? Dies hat mir wieder einmal gezeigt, wie schlimm ich krank bin. Ich kann es manchmal einfach fast nicht glauben.

Ich muss akzeptieren, dass Klaus und viele andere Menschen alles für mich tun würden. Ich wehre mich dagegen, denn ich komme mir dann noch kränker vor und wie ein Krüppel. Bin ich ja auch, aber ich versuche immer, es zu überspielen. Ich kann einfach nicht so viel annehmen, ohne etwas zurückzugeben und auch bei dem schönsten Geschenk und dem liebsten Besuch habe ich Mühe. Ich glaube, es hätte niemand in meinem Alter besonders gern, so verwöhnt zu werden und alles zugeschoben und gebüschelt zu bekommen. Ich kann jetzt nicht ohne das auskommen, das ist mir klar, aber man will doch unabhängig sein, alles selber machen und den Eltern nicht auf der Tasche liegen.

Montag, 11. November.

Ich zähle die Tage. Sie sind mühsam. Die Infusion am linken Ellenbogen haben sie mir gezogen, aber sie müssen mir noch vor 11 Uhr eine neue stecken. Dann bin ich wieder völlig behindert. Die Tage sehen alle gleich aus. Und das, wenn es keine Komplikationen gibt, noch drei Wochen. Ich bin froh, wenn die vorbei sind. Irgendwie habe ich auch Angst davor, aber ich muss einfach dadurch.

Meine Lieblingsbeschäftigung ist Koffer oder Rucksack packen. Wann werde ich das wieder machen können, wenn überhaupt? Momentan bin ich sogar schon so weit, dass ich auch dazu keine Lust mehr habe. Ich bin einfach total schwach und lustlos. Zu allem muss ich mich zwingen. Sogar zum Schlafen habe ich keine Lust mehr. Lesen mag ich auch nicht, zeichnen auch nicht, gar nichts mehr. Wenn ich wenigstens jeden Tag etwas zum Freuen hätte!

Dienstag, 12. November

Ich habe jetzt die neue Infusion auf dem linken Handgelenk. Das ist viel praktischer, weil ich wieder zeichnen kann. Ich habe damit schon den Schwestern *imponiert und sie haben sogar beim Rapport davon geschwärmt. Mein Problem aber ist, dass ich die Bilder nicht fertig mache. Zum Schluss habe ich dann einen ganzen Block voll angefangener Bilder.*

Ich lese das Buch "Tracks" von Robyn Davidson auf Englisch. Verstehen tue ich natürlich lang nicht jedes Wort, aber es erstaunt mich doch, wie viel ich schon gelernt habe. Den Zusammenhang habe ich wie bei einem deutschen Buch. Ich muss mich nur mehr konzentrieren und ein bisschen überlegen, was dieses oder jenes Wort heißen könnte.

Das Buch handelt von einer Frau, die einen Trip durch die Wüste in Australien macht mit ihren drei Kamelen. Zeitweise komme ich mir vor wie sie. Für normale Leser ist das Buch vielleicht nur eine Abenteuerstory, aber für mich nicht. Es steckt viel mehr dahinter und ich glaube, sie hatte auch das Problem, die Leute würden das, was sie durchgemacht hat, gar nicht glauben. Das können nur die, die in einer ähnlichen Situation sind. Es gibt Stellen in diesem Buch, die ich genau auf mich übertragen könnte. Sie stimmen genau: Schritt für Schritt und nochmals ein Schritt, immer weiter ... Sie hätte zwar aufgeben können, aber dann mit der Niederlage fertig zu werden, wäre ihr bestimmt schwer gefallen.

Aber ich kann nicht aufgeben oder einen Rückzieher machen. Ich kann nur mitmachen und durchhalten und hoffen. Für mich bestimmen andere.

Alle bemitleiden mich, weil ich im Krankenhaus bin, weil ich operieren muss und Schmerzen habe oder wegen sonstiger Oberflächlichkeiten, aber die sind für mich weniger schlimm. Das wirklich Schlimme sehen viele nicht und ich kann es auch nicht erzählen, erstens weiß ich nicht wie ausdrücken und zweitens können die meisten es auch gar nicht nachempfinden. Die, welche es könnten, denen muss man gar nichts sagen, denn die sehen es.

Jetzt ist dann wieder bald Abend. Die Tage werden wirklich lang. Ich darf nicht vergessen: Tag für Tag, Schritt für Schritt. Morgen kommt eine Hürde, über die ich hinüber muss und dann kommt schon bald die nächste. Die Zeit bleibt ja nicht stehen, auch wenn es für mich den Anschein hat ...

Alle bemitleiden mich, weil ich im Krankenhaus bin, weil ich opperieren muss und Schmerzen habe. Oder wegen sonstigen Oberflächlichkeiten, aber die sind für mich weniger schlimm. Das wirklich schlimme sehen viele nicht und ich kann es auch nicht erzählen, erstens weiss ich nicht wie ausdrücken und zweitens können die meisten es auch garnicht nachempfinden. Die, welche es könnten, denen muss man garnichts sagen, denn die sehen es.
Jetzt ist dann wieder bald abend. Die Tage werden wirklich lang. Ich darf nicht vergessen: Tag für Tag, Schritt für Schritt. Morgen kommt eine Hürde, über die ich hinüber muss und dann kommt schon bald die nächste. Die Zeit bleibt ja nicht stehen, auch wenn es für mich den anschein hat...

7. Blöde Kuh!

Das war ihre letzte Eintragung in das Tagebuch. Am Abend kam ein Telefonanruf. Sie hielt sich gerade neben dem Bett auf und nahm freudig überrascht den Hörer entgegen. Sie tappte zwei Schritte, um sich am Gestänge des Fußendes festzuhalten. Als das Gespräch sich hinzog, knickten die Beine ein. Sie stützte sich auf das Bett und telefonierte weiter. Auf dem glatten Boden rutschten die Füße weg. Sie unterbrach keinen Augenblick. Zum Schluss lag sie halb am Boden, ohne sich bei dem angeregten Zwiegespräch stören zu lassen. Es ging um Zukunftspläne. Was sie alles noch zu verwirklichen gedachte, hätte für ein langes Menschenleben ausgereicht.

Am Tag darauf war die erste der beiden Operationen, die sie wieder vor sich hatte.

Danach war das infisziertes Ventilsystem entfernt. Von den Gehirnkammern floss das Hirnwasser direkt durch einen Schlauch in einen Plastikbehälter. Für eine Woche musste sie flach auf dem Rücken liegen. Auch ihre menschlichen Bedürfnisse sollte sie in dieser Lage verrichten, aber wusste fast nicht wie. Richtig verzweifelt war sie deswegen.

Zwei Krankenschwestern maßen exakt 10 cm vom Kopf an aufwärts und befestigten den Hirnwasserbehälter in dieser Höhe am Bett. Die Distanz musste eingehalten werden, damit der Hirndruck stimmte; strenge Vorschrift des Chirurgen. Doch die Klebestreifen waren anscheinend ungeeignet; der Behälter löste sich und fiel herunter, ohne dass es jemand sofort merkte. Erst nach einer Weile sah man ihn am Boden liegen. Ich lief, das Unglück zu melden. Der Stationsarzt fand die Aufregung lächerlich, kam aber immerhin nachschauen, ob Melanie zu Schaden gekommen wäre. Das war nicht der Fall. Na also, sagte er und ging wieder. Die Schwestern versuchten es mit stärkerem Klebeband. Ob sie nicht wenigstens jetzt für ihre Bedürfnisse das Kopfteil des Bettes ein wenig aufrichten durfte, wenn es anscheinend nicht so auf den Zentimeter genau ankam, fragte sie. Doch das Nein blieb, Vorschrift war Vorschrift.

Auch das ging vorbei. Sie lernte sich abzufinden mit den Bedingungen. Dass sie dabei nicht versauerte, war nicht unwesentlich ein Verdienst von Schwester Susann, der Gruppenleiterin der Station. Sie richtete es ein, Melanie selber zu pflegen, wenn sie konnte, und blieb dann noch eine Weile bei ihr sitzen zu einem kleinen Schwatz.

Es ging zum Beispiel um Perücken. Eine Sozialarbeiterin hatte herausgefunden, dass Anspruch auf eine Perücke bestand gleich wie bei Kindern, die durch die Chemotherapie ihre Haare verloren. Das Angebot wurde eine Weile beredet, doch Melanie erschien der Gedanke, einen künstlichen Blondschopf zu bekommen, absurd. Was nutzten Haare, wenn man nur im Bett lag! Ihr einziger Wunsch war aufzustehen und umherzulaufen – notfalls wie eine Vogelscheuche.

Auch recht, meinte Schwester Susann. Originalität konnte nicht schaden, Vogelscheuchen wären wenigstens keine Dutzendware. Wer so durchs Leben kam, würde es auch sonst schaffen. Sie wusste aus Erfahrung, dass zum Durchhalten nichts förderlicher war als ein ungebrochener Selbstbehauptungswille. Vertrauen zu sich selbst, das war's! "Egal was kommt, Melanie", sagte sie, "du musst überzeugt sein: Ich schaffe es!"

Auf der anderen Seite des Bettes sitzend, kam mir dabei der Radiologe in den Sinn mit seinen miserablen Überlebens-Prozenten. Wären es ein paar mehr geworden, wenn wir beteuert hätten, wir schaffen es?

Bei der zweiten Operation wurde das Gehirn auf der anderen Seite durchstoßen und die Ventil-Ableitung erneut unter der Haut bis zum Bauch verlegt, wo es eine weitere Operationswunde gab. Die Ärzte waren zufrieden, Komplikationen waren nicht aufgetreten. Melanie durfte sich wieder frei bewegen – wenn sie noch gekonnt hätte.

Schon am Tag nach der Operation wurde die Bestrahlung fortgesetzt. Das Bett musste dazu im Aufzug nach unten transportiert werden. Dann ging der Weg über eine lange Terrasse zu einem anderen Gebäudekomplex, durch die Eingangshalle und weiter durch lange Korridore. Es war mühsam, das schwere Bett alleine zu handhaben, deshalb wurde meine Hilfe gerne akzeptiert von den Schwestern. Zu zweit schoben und steuerten wir das Gefährt und hielten an jeder Bodenschwelle, um es sachte darüber gleiten zu lassen und die Erschütterungen in Grenzen zu halten. Mit der Zeit kannten wir jede Unebenheit auswendig, wo wir abbremsen mussten. Die vielen Menschen in der Eingangshalle hatten Melanie anfangs noch gestört; sie wurde angestarrt oder man schaute demonstrativ weg. Doch sie hatte sich daran gewöhnt, meistens hielt sie die Augen eh geschlossen.

Im Bestrahlungsraum wurde das Bett bis an die

Maschinerie herangeschoben. Das mächtige Bestrahlungsaggregat schwenkte an einem langen Arm um seinen Drehpunkt. Es konnte mit einem Fadenkreuz aus roten Lichtlinien auf jeden beliebigen Punkt gerichtet werden. Unter ihm befand sich der Tisch, auf den wir Melanie von ihrem Bett aus behutsam hinüberzogen. Mit dem Gesicht nach unten wurde der Kopf eingespannt. Dann bewegten sich die Lichtlinien auf die Markierung der Kopfhalte-Vorrichtung zu.

Das Personal verließ den Raum. Die massive Stahltüre schloss sich. In der Steuerzentrale wurde das Programm in den Computer eingegeben. Nach einem letzten Blick auf die Überwachungs-Monitore leuchtete die Anzeige auf: Achtung! Aufenthalt im Strahlenbereich verboten!

Die Stahltüre fuhr auf. Melanie konnte vorsichtig vom Tisch wieder zurück auf ihr Bett gehoben werden. Brechschale und Tücher lagen bereit für den Notfall.

Sie fühlte sich so elend und schwach, dass sie nicht einmal mehr den Wunsch hatte, ihr Bett zu verlassen. Sie wurde so empfindlich, dass jedes stärkere Geräusch oder Wort, sogar schon eine etwas lebhaftere Geste ihres Gegenübers, sie erschreckt zusammen fahren ließ. Sie aß und trank nichts mehr, ohne alles zu erbrechen. Über die Infusion wurde sie mit Flüssigkeit versorgt und ebenso mit Antibiotika, die weiter verabreicht wurden.

Ein einziges Mal noch raffte sie sich auf, dem Körper ihren Willen aufzuzwingen. Sie hatte sich in den Kopf gesetzt, den Weg zum WC auf eigenen Füßen zu bewältigen. Eine Krankenschwester und ich mussten helfen, sie aufzurichten und, als sie stand, sie rechts und links stützen und schauen, dass sie sich nicht in den Schläuchen ihres Infusionsgerätes verheddderte. Sie biss die Zähne aufeinander und kämpfte sich Schritt um Schritt vorwärts. Doch bevor sie die WC-Türe erreichte, brach sie stöhnend zusammen. Wir hatten alle Mühe, das hilflos weinende Bündel zurückzuschaffen.

Überhaupt musste sie jetzt oft weinen. Sie lag still auf der Seite und lautlos flossen die Tränen über das Gesicht. Wenn man sie bat nicht aufzugeben, mühte sie sich manchmal ab, ein tapferes Lächeln zu zeigen, oft aber reagierte sie gar nicht. Es war, als ob sie am Leben nicht mehr teilnahm.

Mein Platz war die meiste Zeit über im Krankenhaus und für die anderen Kinder entstand eine unhaltbare Situation; unser Haus war ohne eigenes Fahrzeug kaum erreichbar. Es blieb nichts übrig, als die Familie aufzulösen. Die kleinen Kinder wurden von Melanies Patin aufgenommen. Sie nahmen es locker, versprachen am neuen Ort recht brav zu sein und schleppten begeistert ihr Spielzeug ins Auto. Winkend verschwanden sie Richtung Autobahn. Als auch wir anderen uns aufmachten, blieb das Haus dunkel und leer in der Dämmerung zurück. Auf der Türschwelle saßen zwei junge Katzen und warteten jetzt schon auf unsere Rückkehr, obwohl sie eigentlich zu einem Nachbarn gehörten. Die älteren Kinder hatten ein Unterkommen in den Familien ihrer Schulkameradinnen gefunden. Für mich gab es ein Klappbett im Krankenhaus und die Einkaufstüte.

Andere Eltern begleiteten ihre Kinder ebenfalls auf der Station, doch meist nur kurzfristig zu einer blockweise verabreichten Chemotherapie. Zu jedermanns Benutzung gab es eine Küche und selbst nachts sah man Mütter am Kochherd stehen und ihren Kindern ein Appetithäppchen zubereiten, wenn die Therapie die normalen Ess- und Schlafgewohnheiten durcheinander gebracht hatte.

Eine der Frauen begegnete mir über längere Zeit. Sie kam aus einem Zimmer, das am Ende des Korridors lag. Es war der Isolierraum, der eine Vorkammer als Schleuse hatte. Ging sie zurück, musste sie dort Oberbekleidung und Schuhe wechseln, bevor sie das eigentliche Zimmer dahinter betrat. Zudem desinfizierte sie sich die Hände und legte einen Atemschutz an. Durch die Glastüren sah man ein kleines Mädchen, ihr Töchterchen.

Morgens vor Beginn des Tagbetriebes trafen wir manchmal zusammen. Sie machte Kaffee und bot mir eine Tasse an. Der Küchentisch gehörte zu solch früher Stunde uns noch alleine. Ihrem Kind, das Leukämie hatte, waren anfangs 70% Heilungschancen zugesichert worden. Dann wurden es von Mal zu Mal weniger. Jetzt waren sie beim letzten verzweifelten Versuch: Eigen-Knochenmarks-Transplantation. Aus den Knochen des Kindes war durch Kanülen Knochenmark abgezogen und tiefgekühlt aufbewahrt worden.

Sie sagte das in Gefasstheit. Wie viel Tränen es gekostet haben mochte, die Folter mit anzusehen, ließ sich nur erahnen. Dann fing die Chemotherapie an, mit der die erkrankten Zellen ausgerottet werden sollten. Die Widerstandskraft war so herabgemindert, dass auch der kleinste Infekt nicht mehr verkraftet wurde und die Isolierung in einem sterilen Raum unumgänglich war. Irgendwann sollte das aufbewahrte Mark wieder zurück in die Knochen gespritzt werden zur neuen Blutbildung ... Das kleine Mädchen überlebte nicht.

Für die Mahlzeiten war Melanie auf Wunschkost gesetzt worden und hätte wählen dürfen zwischen vier oder fünf Menüs. Doch sie erbrach alles, auch wenn sie kaum noch etwas aß. Es war grüne Galle, die in der Brechschale waberte, wenn sie sich erschöpft wieder zurücklehnte.

Eines Nachts schlaflos neben ihr liegend, kam mir in den Sinn, wie früher bei unseren kleinen Kindern Getreideschleim immer geholfen hatte bei Erbrechen. Also aufgestanden und das Nötige besorgt! Mein Auto stand irgendwo in dem Wohnquartier hinter dem Krankenhaus. Unterwegs, in nachtleeren Straßen, stoppte mich eine Polizeistreife. Etwas wäre sonderbar mit mir, sagten sie und schauten mich scharf an. Ein Schrecken durchzuckte mich; mein Führerschein war das kostbarste Stück Papier der Welt in diesem Augenblick. In Gedanken durchlief ich meine eventuellen Verfehlungen, während sie misstrauisch das Fahrzeug umschritten, als hätten sie einen seltsamen Fang gemacht. Doch dann ließen sie mich laufen.

Zuhause ging die Suche an nach Töpfen und Schwingbesen. Zwei kleine Katzen waren durch die Türe mit hereingewischt und strichen mit erhobenen Schwänzen um die Hosenbeine. Vor Anhänglichkeit standen sie einem fast unter der Schuhsohle. Was die Vorräte betraf, sah es mager aus. Getreideschleim war in letzter Zeit nicht mehr gefragt gewesen. Bei Tagesanbruch hatte das örtliche Reformgeschäft einen ersten frühen Kunden.

Melanie wartete schon ungeduldig auf meine

Rückkehr und mit der Zubereitung konnte unverzüglich begonnen werden. Doch andere Mütter hatten das Gleiche vor und wir drängelten uns um die Kochplatten. Als etwas zustande gebracht war, hatte Schwester Susann gerade die Blutentnahme beendet. Sie blieb, um Ermunterung zuzusprechen und Melanie tat ihr Bestes: Sie aß drei Löffel voll ohne zu erbrechen. Endlich einmal!

Dann wurde es Zeit für die Bestrahlung. Wir fuhren das Bett im Lift hinunter. Die Terrasse, die wir zu überqueren hatten, war zum größten Teil überdacht, nur ein Stück weit ging der Weg unter freiem Himmel. Bei schönem Wetter schien dort die Sonne. Fast war man versucht stehen zu bleiben und sich zu recken und strecken, bevor man wieder in den kahlen Gängen verschwand. Aber wer hatte schon Zeit? Alles hastete von einem Ort zum anderen.

Irgendwann wurde mir bewusst, dass es für Melanie die einzigen Momente waren, in denen sie noch einmal im Freien war, zugedeckt bis an die Nasenspitze in ihrem rollenden Bett. Sie, die nichts mehr geliebt hatte als das Leben draußen in der Natur – warum eigentlich hatten wir nie Zeit für einen kleinen Halt?

Heute allerdings schauten wir, so schnell wie möglich weiterzukommen. Ein kalter Wind pfiff um die Ecken und ein Nieselregen ließ uns die Köpfe einziehen. Im Warteraum der Radiologie dann schlugen wir die Wolldecken zurück, mit denen Melanie eingepackt war. Sie wollte etwas sagen und schaute uns bittend an. Ein Wunsch wäre es: Sie wollte so gerne wieder den Wind spüren und den Regen ... ob wir wohl auf dem Rückweg ein wenig ... nur ganz kurz ... sie würde sich so freuen!

Schwester Susann zeigte Verständnis für das Anliegen und nach der Bestrahlung mummelten wir Melanie doppelt warm ein mit den Decken. Auf dem Rückweg dann bei der Überquerung der Terrasse schoben wir das Bett in den feinen Regen. Kleine Tropfen begannen, ihr Stirn und Wangen zu benetzen und fingen sich in ihren Wimpern. Sie hielt die Augen geschlossen und ein glückliches Lächeln breitete sich über ihr Gesicht wie bei einem Erlebnis von tiefer Andacht.

Das mochte einer der wenigen Lichtblicke gewesen sein, die sie noch hatte. Der Zustand verschlechterte sich weiter. Sie aß und trank endgültig nichts mehr. Wenn sie noch einen Wunsch hatte, dann den, dass ich bei ihr saß und sprach oder vorlas. Manchmal lag sie über Stunden so apathisch da, dass nicht sicher war, ob sie überhaupt zuhörte. Nur wenn man aufhörte, murmelte sie leise in Protest. Sie war sehr wohl wach!

Die ganze moderne Medizin stand bereit, Leben zu retten mit allen zur Verfügung stehenden Mitteln. Doch Melanie war dabei nicht mehr als ein defektes System, dessen Funktion aufrechterhalten wurde durch die Zufuhr künstlicher Substanzen: Elektrolyte, Antibiotika, Glukose, Vitamine, Mittel gegen Erbrechen und Schmerzen – rund um die Uhr hing sie an den Schläuchen eines Infusionsautomaten. All das betraf nicht einmal den Tumor. Für ihn war die Radiologie zuständig, ein hochtechnisierter Bereich, in dem viele Menschen auf das Genaueste ihren Teil der Pflicht erfüllten – die Behandlung war perfekt, aber von Melanie als Mensch blieb nichts übrig. Irgendwann war es nicht länger zu ertragen. Das

Vertrauen in die Behandlung war verloren. Sollten sie sie abbrechen!

Meine Vorstellungen stießen auf keine Gegenliebe. "Sie wollen sie also aufgeben?", wurde gefragt. "Einfach im Stich lassen?" Nein, kam es fast wie ein Aufschrei aus mir, aber lasst sie doch am Leben dabei! An Emotionen war man auf der Station gewöhnt und legte mir nahe, meine Ansichten dem Radiologen zu unterbreiten. Ich machte mich auf den Weg zu seinem Büro, grimmig entschlossen.

Er empfing mich, ebenfalls grimmig. Per Telefon war er unterrichtet, um was es ging. Vor seiner Türe saßen Patienten, sein Terminplan kam durcheinander.

"Sie hatten doch damals alles so genau wissen wollen", begann er. "An den Tatsachen hat sich nichts geändert."

Knallharte Tatsachen waren das gewesen, in der Tat! Aber warum wurde dann gesagt, dass ich Melanie aufgeben wolle, wenn er selber so gut wie nichts hielt von seiner Therapie? Er blickte auf seine Uhr. Er war in Verzug mit seinen Terminen, rückte jedoch seinen Stuhl zurecht und schaute mich an. Er sagte: "Ich denke gar nicht an das Mädchen, sondern an Sie!"

Was sollte das heißen?

"Werden Sie die Vorwürfe Ihrer Tochter ertragen können, wenn Sie vorzeitig abbrechen? Es sind nur noch sechs Bestrahlungstage!"

Das konnte doch nicht wahr sein! Wollte er wirklich sagen, dass er an Heilung glaubte danach?

"Darum geht es nicht! Wie ich die Aussichten einschätze, wissen Sie. Aber wollen Sie ihr auch noch die Hoffnung nehmen?"

Hatte er selber denn überhaupt Hoffnung?

"Ihre Tochter hat! Das ist das Einzige, was zählt! Sonst müsste sie sich jetzt schon aufgeben. Wenn sie sich selber ihr Durchhaltevermögen beweisen kann bis zur letzten Bestrahlung, kann sie auch besser mit dem Danach umgehen!"

Das Danach! Was für ein "Danach"? Irgendwie war ich überrumpelt von dieser seltsamen Logik und mir fehlte die Zeit, das Gesagte zu überdenken. Mein Gegenüber merkte, wie er mich weich kriegte. Er hakte nach: "Sie werden Vorwürfe zu hören bekommen, nicht nur von Ihrer Tochter. Von Ihnen selbst – weil Sie nicht die Kraft hatten durchzuhalten!"

Draußen warteten Patienten. Meine Gedanken wollten sich nicht entwirren. Der Radiologe gab mir den letzten Stoß: "Wir haben ja auch Augen. Wenn wir das Gefühl haben, es geht nicht mehr, dann brechen wir selber ab"!

Das Danach! Ich ging langsam zurück, innerlich zerrissen und setzte mich an ihr Bett, unschlüssig, was sagen oder ob überhaupt etwas zu erzählen. Sie schaute mit einem Blick, als wüsste sie längst alles. Aber sie sagte nichts.

Was wir in den Tagen, die blieben, in die Bestrahlung fuhren, war kaum noch mehr als ein Schatten. Sie versank in einen Zustand der Erstarrung. Manchmal gab sie noch stöhnende Laute von sich. Warum ... Warum sah niemand, wie es um sie stand? Man sah es nicht, man sah aber auch mich nicht. Man ging an mir vorbei, als wäre ich Luft. Bitten um ein Gespräch wurden überhört. Von Abbrechen keine Spur. Kein Wort. Und der Radiologe war unterwegs zu einem Kongress.

Aber es war zu sehen, was er gemeint hatte. Melanie klammerte sich mit dem letzten Rest ihrer

Kraft an diese imaginäre Hoffnung. Ihr Denken war ganz davon erfüllt bei den wenigen Worten, die wir noch miteinander wechseln konnten: Durchhalten – und dann die große Wende nach dem Ende der Bestrahlung!

Doch zu befürchten war etwas ganz anderes: Wenn es noch Lebenskraft gab in ihr, die der Krankheit Widerstand leistete – jede noch folgende Bestrahlung würde sie ein Stück weiter zerstören. Ob es nun so war oder nicht, reden konnte man mit niemandem darüber.

Ich kniete vor dem Bett und hielt sie in den Armen. Es war dunkel, obwohl die Sonne schon aufgegangen sein musste. Die Jalousien waren noch heruntergelassen. Meine Tränen tropften auf ihr Gesicht und vermischten sich mit den ihren. Die Bestrahlung war ordnungsgemäß abgeschlossen worden und die Hoffnung auf Besserung schnell zerronnen. Es ging ihr noch schlechter und man gab unverblümt zu verstehen, dass man von jetzt an nichts mehr zu "bieten" hatte. In mir war nur noch der eine Wunsch zu gehen, das alles hinter uns zu lassen und sie mit mir zu nehmen. Aber es war nicht einmal sicher, ob sie einen Transport überlebte.

Jemand kam mit resoluten Schritten ins Zimmer, die Jalousien wurden hochgefahren und blendendes Licht brach herein. Schwester Susann konnte es nicht sein, sie hatte keinen Dienst. Doch die Ablösung trat jetzt mit strammem Optimismus ihr Amt an. "Hallohoh!", trompetete sie. "Melaniiie! Früh-hüh-stück!" Melanie murmelte etwas. Man musste schon das Ohr an ihren Mund legen, um es zu verstehen: "Blöde Kuh!", leise, aber deutlich! Ein Tablett medizinischer Utensilien wurde auf den Tisch gestellt, darunter jede Menge Ampullen – ihr Frühstück. Fehlte nur das "Guten Appetit".

Später bekam sie, mit meiner Einwilligung, Morphin. Es machte sie ruhig. Draußen vor den Fenstern dehnte sich der strahlendste Winterhimmel, den man nur wünschen konnte. Es war Sonntag. Keine Geschäftigkeit störte die Stille. Ich las vor. Dass sie zuhörte, war nur an ihren Augen zu erkennen und manchmal huschte ein Lächeln über ihr Gesicht. Als der Tag zu Ende ging, stand ein unirdisch schönes Abendrot am Himmel. Melanie lag da, als ob kein Leben mehr in ihr wäre.

Plötzlich gab es musikalische Untermalung: "Süßer die Glocken nie klingen ..." Nanu? Was war das? Aber schon ging es weiter: "Stille Nacht, heilige Nacht ..." Kein Zweifel, es musste irgendwie auf Weihnachten zugehen. Alles Zeitgefühl war verloren gewesen. Nebenan lief ein Musikgerät und tönte ohne Unterlass durch die Plexiglaswände, in munterer Lautstärke. Auch als unser Bedarf an adventlicher Stimmung längst gedeckt war, schnurrte der Strauß beliebter Melodien weiter: "Oh Tannenbaum ..."

Ich hatte die Arme um sie gelegt, bat sie, uns nicht zu verlassen, und erzählte von früher, als die Welt noch in Ordnung war für die Kinder. Wenn die wilde Jagd durch alle Zimmer ging oder sie wichtig die Köpfe zusammengesteckt hatten um etwas auszuhecken ... Wenn ihre Mami sie abends einsammelte und den Protest beschwichtigte, dass ein so aufregender Tag schon wieder zu Ende sein sollte. Dann saßen sie frisch gewaschen und offenen Mundes staunend, um zum wievielten Male schon dieselbe Geschichte zu hören, Rotkäppchen vielleicht, wo alles, was kam, immer wieder gut ausging zum Schluss ... Endlich lagen sie, selig eingeschlafen, in ihren Betten, womöglich mit einem unter die Bettdecke geschmuggelten Kätzchen im Arm und mit einem letzten Kuss auf die rosigen Backen bedacht.

Doch ich hatte schon längst aufgehört zu sprechen. Es waren nur noch die Gedanken, die von allein im Kopf herumgingen. Manchmal rief sie etwas mit gequälter Stimme. Dann musste sie umgelagert werden von einer Seite auf die andere in der Hoffnung, ihr etwas Erleichterung zu verschaffen.

Ihr gelegentliches Stöhnen ging über in ein andauerndes Wimmern. Auf Fragen reagierte sie nicht, aber sie fing an irrezureden. Selbst wenn einige Worte zu verstehen waren, ein Sinn darin war nicht mehr auszumachen. Manchmal drehte sie den Kopf zur Seite und erbrach eine grüne Flüssigkeit, die rasch mit der Schale aufgefangen werden musste. Dann fiel sie zurück in das Wimmern und Fantasieren. Die Atmung ging rasselnd, wie sie vorher noch nie gewesen war.

Hier war kein Arzt mehr nötig um zu sehen, dass sie starb. Im Minuten vielleicht schon, in Stunden, oder wenn es sich noch hinzog, in einigen Tagen. In dem gespenstigen Licht, das von allen Seiten durch die Wände sickerte, hielt ich lange Zeit ihre Hände und glitt ab in einen Dämmerzustand, ohne mehr zu wissen ob wachend oder träumend. Irgendwann fielen mir die Augen zu.

Lange Zeit nach Mitternacht schreckte mich etwas auf und auf einmal war wieder fester Boden zu spüren unter den Füßen. Irgendetwas war passiert in mir. Die innere Zerrissenheit der letzten Tage, die mich bis zur Entschlusslosigkeit gelähmt hatte, fiel ab. Das bittere Gefühl blieb, aber jetzt war klar, was zu tun war. Wir hatten nichts mehr zu verlieren.

Vorsichtig waren aufgehängte Zeichnungen von den Wänden zu lösen und zusammenzurollen. Der Wandschrank wurde geleert und sortiert, hell genug dazu war es ja. Die Nachtschwester kam nachzuschauen, weil sie Geräusche hörte. Aber auf das, was sie sah, konnte sie sich keinen Reim machen. "Wir gehen", war meine Erklärung. Sie schaute weiterhin fragend. "Melanie stirbt", sagte ich. "Soll ich Ihnen einen Kaffee machen?", fragte sie beschwichtigend. Nein, aber ob sie so gut sein möge, im Morgenrapport auszurichten, dass wir keine Weiterführung der Behandlung mehr wünschten.

Um 6 Uhr morgens war alles verpackt. Von einer der Telefonzellen der Eingangshalle aus, um nicht den Apparat neben dem Bett benutzen zu müssen, konnte dem Hausarzt die Lage geschildert werden. Mein Plan war schon vorher gewesen, Melanie in eine Privatklinik verlegen zu lassen, doch wegen der stetigen Verschlechterung kam es nie dazu. Jetzt aber gab es nur noch den einen Wunsch, sie in einer anderen Umgebung sterben zu lassen. Der Arzt versprach, das Nötige zu veranlassen. Ich kam rechtzeitig zurück, um die Morgenschwester abzufassen mit ihrer Ladung Ampullen und dankte für ihre Bemühungen. Meine Bitte war nicht ernst genommen worden.

Melanie war wieder bei Bewusstsein, aber kaum fähig zu einer Regung. Bei meiner Erklärung des Nötigsten nickte sie, fast unmerklich. Sie lag auf der Seite, weil sie so besser atmen konnte und ein zäher, Faden ziehender Speichel, der sich in großen Mengen bildete und den sie nicht mehr schlucken konnte, durch den halboffenen Mund abfloss. Ihr Kopf war mit Zellstofftüchern unterlegt. Später las ich vor. Der Ausdruck ihres Gesichtes schien etwas entspannter zu sein, wenn sie meine Stimme hörte.

In den Nachbarräumen war Arztvisite. Durch die Glaswände strahlten Optimismus und Aufmunterungen für die jeweiligen kleinen Patienten. Jedes Wort war zu verstehen, erst von links, dann von rechts. Wir in der Mitte wurden übergangen.

Allerdings kam dann doch noch ein Arzt, der Assistent. Plötzlich stand er im Raum und wollte einen Neurotest machen für den Austrittsbericht. Ich starrte ihn fassungslos an. Ein Mensch starb und er wollte noch – was bitte? Turnübungen veranstalten mit ihm? Er ging wieder und wir wurden endgültig in Ruhe gelassen. Auch das Formular "Handelt auf eigene Verantwortung und gegen den Rat der Ärzte" wollte niemand mehr unterschrieben haben.

Das Telefon schnarrte. Die Privatklinik nahm Melanie auf. Der Transport war ebenfalls gesichert. In der Schule wurde den Geschwistern freigegeben. Melanie wurde vorbereitet für die Fahrt und erhielt wieder Morphin. Die Geschwister und Freunde kamen, um Abschied zu nehmen. Wir hätten gerne auch die Krankenschwestern noch gesehen, aber die meisten waren nicht im Dienst. Wir ließen sie grüßen. Eine der Mütter, deren Tochter im gleichen Zimmer gelegen hatte, brachte einen Strauß roter Rosen. Ihre Augen waren feucht, sie wusste Bescheid, ohne dass es Erklärungen bedurfte.

Die offizielle Verabschiedung erfolgte durch die Stationsärztin: Alles Gute und wie es denn so ginge? Es ging, mit all dem Morphin. Melanie murmelte etwas. Es war nur zu verstehen, wenn man sich über sie neigte. Zwei kräftige Männer kamen mit der Bahre und brachten sie hinunter in das Ambulanzfahrzeug. Wenige Minuten später waren wir auf der Autobahn.

Die Veränderung schien neue Lebenskräfte zu wecken in ihr. Unterwegs mussten wir auf dem Pannenstreifen halten, weil sie erbrach. Wir leerten die Schale. Die Hecktüre stand offen. Draußen rollte pausenlos der Verkehr. Ein eisiger Wind blies und es war ungemütlich. Doch ihre Augen versuchten, ohne dass sie noch den Kopf bewegen konnte, einen Blick von der Außenwelt zu erhaschen. Der Wunsch ließ sich erfüllen, indem man die Decken, die ihr den Blick verlegten, ein wenig zur Seite schob. Dann ging die Fahrt weiter mit unter dem Fahrzeugdach schaukelnder Infusion.

Endlich durfte man wagen aufzuatmen. Was sie zum Abschied geflüstert hatte, war gewesen: "Ich freue mich auf den Tapetenwechsel." Zumindest wollte sie jetzt ja die neuen Tapeten noch sehen.

8. Ich würde lieber jetzt leben

Unser Zimmer am neuen Ort war schlicht und einfach. Melanie wurde medizinisch versorgt und lag bald schon in ihrem neuen Bett. Die Rosen auf ihrem Nachttisch glühten im letzten Licht des Tages, das durch das Fenster fiel. Auch hier wurde mir ein Klappbett gestellt, um das Zimmer mit ihr zu teilen. Draußen streckten Bäume ihre bereiften Äste in den Himmel und unter ihnen zu sein, nachdem wir so lange hoch über ihnen gelebt hatten, war wie eine Rückkehr zur Erde.

Die Tapeten saßen auf solidem Mauerwerk, das weder Licht noch Laut durchließ und das alleine schon war eine Wohltat, die es lohnte weiterzuleben. Ihr Lebenswille, der auf der Autobahn aufgeblitzt war, brach am Abend ein zweites Mal durch. Ich saß neben ihr, streckte die Beine aus und schickte gerade ein Dankgebet zum Himmel, der an diesem Tag eine große Hand schützend über uns gehalten hatte, als sie flüsterte. Ihre Stimme war fast unhörbar, ein Hauch nur, und doch mit einer Spur Verärgerung darin: "Licht aus. Ruhe." Oh, du liebe Seele!

In der Nacht erbrach sie und die erschreckenden Zustände wiederholten sich, doch es war nicht mehr der gleiche tödliche Schrecken. Gegen Morgen schlief sie ein.

Nach den ersten Abklärungen bat der Arzt, der die Behandlung übernahm, zu einem Gespräch. Er war sehr zurückhaltend; bei heiklen Fragen nickte er nur. Was, wenn sie einen neuerlichen Shunt-Infekt hätte nach der beabsichtigten Beendigung der Antibiotika-Abschirmung? Wenn, sagte er, dann würde es "sehr, sehr schwierig" werden. Zu dem Tumor selber wollte er nichts sagen, zu rechnen wäre jedoch "mit allem". Aber das im Augenblick größere Problem wäre ihr Allgemeinzustand, der hart an eine Grenze gekommen sei.

Er hoffte, fürs Erste helfen zu können mit den Präparaten der Heilkunde, auf die die Klinik ausgerichtet war, neben den notwendigen Medikamenten der Schulmedizin. Es wurden Einreibungen vorgesehen, Wärmeanwendungen, Massagen, Kräuterwickel und Dinge, von denen man nicht einmal wusste, dass es sie gab. In der Folge beschäftigten sich zwei Schwestern am Morgen und am Abend lange und intensiv mit Melanies Pflege. Sehr liebevoll zudem, wie es schien, auch wenn man dabei hinaus komplimentiert wurde. Jedenfalls duftete sie gut nach irgendwelchen Salben und Essenzen hinterher.

In das Zimmer schien schon vom Vormittag an die Sonne. Wir schoben das Bett in das einfallende Licht. Melanie lag friedlich da, wie schon seit Wochen nicht mehr. Von Zeit zu Zeit öffnete sie die Augen und sah mich von der Seite her an. Fast konnte man meinen, ihr wäre eine treffende Bemerkung in den Sinn gekommen. Aber dann fielen ihr die Augen wieder zu vor Müdigkeit.

Sie hatte noch den Infusionskatheter, über den sie mit Medikamenten versorgt worden war. Jetzt war er hilfreich für eine zuverlässige Flüssigkeitszufuhr, bis sie anfing, so unsere Hoffnung, wieder selber zu trinken. Um sie dazu zu verlocken, brachten die

Schwestern jedes Mal, wenn sie nach dem Tropfenzähler der Infusion schauten, etwas Gutes aus der Küche mit. Doch die Gläser blieben ungetrunken auf dem Nachttisch. Die gute Absicht war zu spüren, sie ließ sich willig den Trinkhalm zwischen die Lippen geben, aber was sie trank, war weniger als ein Fingerhut.

Obwohl sie auch an den folgenden Tagen nichts aß und trank, empfand sie offensichtlich ihren Zustand einigermaßen als erträglich. Sie lag bequem auf der Seite und äugte mit immer wacheren Augen umher. Sie bewegte die Lippen. Auch ohne Worte war ihr Wunsch zu verstehen: Sie wollte vorgelesen haben. Geistige Nahrung war ihr wichtiger als körperliche. Von einem Stapel Bücher aus der hauseigenen Bibliothek wählte sie aus, indem sie bei jedem vorgezeigten Titel ablehnend oder zustimmend den Kopf bewegte.

Sie wollte die Geschichte eines Mannes hören, der, von Geburt an verkrüppelt, nichts anderes hatte gebrauchen können als seinen linken Fuß. In der Kindheit diente er ihm zum Greifen, Rutschen, Spielen und zur Zeichensprache. Schließlich schrieb er darüber seine Lebensgeschichte. Er war Therapeuten begegnet, die ihn gefördert hatten, bis er nach unendlicher Mühe lernte sich aufzurichten und verständliche Worte zu formulieren.

Es war der Lebenswille, der Melanie so faszinierte. "Linker Fuß", murmelte sie immer wieder, in ihre Kissen vergraben, und gab nicht eher Ruhe, bis das Buch ausgelesen war. Sie ging ganz auf im Nachempfinden einer von geistiger Regsamkeit überquellenden Seele, die in einem zur Untätigkeit verurteilten Körper lebte. Ein feiner Humor durchzog die Schilderung der außergewöhnlichen Lebensumstände und ein verstehendes Lächeln zauberte sich auf ihr Gesicht.

Der Arzt, interessiert auch an dem Seelenzustand seiner neuen Patientin, lächelte ebenfalls, als er von der Lektüre erfuhr. "So etwas lässt sie sich vorlesen, wirklich?", sagte er und fand es bemerkenswert.

Was die körperliche Nahrung betraf, so wurde sie auf unser Zimmer serviert. Man musste sich, an ihrem Bett sitzend, die Mahlzeiten selber munden lassen, durfte aber dabei nicht versäumen, die Gaumenfreuden ausführlich zu loben, um sie zum Kosten zu verleiten: Alles sehr, sehr lecker, wirklich! Jedes Mal schien ihr Appetit auch mehr und mehr geweckt zu sein.

Endlich dann willigte sie ein, es mit der Vorsuppe zu versuchen. Das Dicke wurde herausgefischt und das Dünne konnte sie mit dem Trinkhalm zwischen den Lippen einsaugen. Sie lag flach auf der Seite und nuckelte eine kleine Tasse leer. Doch bevor sie noch zu weiteren Köstlichkeiten zu verlocken war, schlief sie ein. Es musste anstrengend gewesen sein. Gut schien es ihr aber getan zu haben und alle waren froh, dass sie nicht erbrach.

Die Gefahr des Erbrechens war tagsüber auch nicht mehr sehr groß, wohl aber in der Nacht. Sie schreckte auf aus dem Schlaf und würgte; man musste sie stützen und ihr die Schale vorhalten, bis die Nachtschwester kam. Während der Brechkrämpfe wimmerte sie vor Schmerzen, weigerte sich aber Schmerzmittel zu nehmen. Der dumpfe Zustand, in den sie dadurch abglitt, war ihr unheimlich. Wir flößten ihr Bittermittel ein, die die Krämpfe beendeten. Verschmutztes Bettzeug wurde gewechselt und nach ein paar freundlichen Worten der Schwester kehrte wieder Ruhe ein.

Eine weitere Störung der Nachtruhe war das Umlagern, wenn ihre Lage unbequem wurde. Alleine konnte sie sich nicht mehr bewegen. Tagsüber kümmerten sich die Schwestern aufopferungsvoll um sie, aber nachts weckte sie lieber mich auf meiner Liege neben ihr, anstatt Alarm zu geben mit dem elektrischen Klingelknopf, den sie unter der Bettdecke hatte. Wenn sie rief, wollte sie gedreht werden und Kopf, Arme und Beine in eine bestimmte Stellung gebracht haben. War es dann gut, deutete sie es mit einem zufriedenen Nicken an.

Der Schlaf war so alle ein bis zwei Stunden unterbrochen, doch man gewöhnte sich daran. Weil sie wieder angefangen hatte zu trinken, konnte jedes Mal versucht werden, gleich einen Schluck anzubringen. Viel war es nicht, was sie trank, aber immerhin, es war ein Anfang.

Es waren nur kleine Anzeichen, aus denen Hoffnung geschöpft werden konnte. Was wir am sehnlichsten wünschten war, dass sie sich wieder bewegte, doch durch das lange Liegen hatte sich die Muskulatur zurückgebildet. Die Schwäche konnten auch durch den Tumor verursacht sein, wer wusste das schon. Ihr Speichel floss immer noch zäh und wir mussten ihn mit unterlegten Zellstofftüchern auffangen. Jedes Mal beim Nachschauen hatte sich wieder eine kleine Lache vor ihrem Mund gebildet.

Es ging eine Woche, bevor Melanie wieder anfing zu sprechen. Ihre Stimme war noch stark beeinträchtigt durch die stoßweise Atmung, aber sie versuchte wieder am Leben teilzunehmen und wollte mit mir reden. Unvermittelt flüsterte sie: "Hatten sie mich eigentlich aufgegeben – im Unispital?"

Aufgegeben? Nein! Man gab nie jemanden auf, bis zur letzten Ampulle nicht! Die Erinnerung war noch frisch. Die Behandlung wäre nach allen Regeln der Kunst erfolgt. Die Einzigste, die nicht getan hatte, was sie sollte, wäre dabei sie selber gewesen.

"Was hätte ich sollen?"

Gesund werden, natürlich! Nach all dem Aufwand, der getrieben worden war.

"Du hast gut reden", sagte sie leise. "Und jetzt?"

Jetzt musste das Nächstliegende getan werden. Sie sollte trinken! Mochte sie einen Schluck? Gehorsam nippte sie am Trinkhalm, aber was sie nahm, war immer noch kaum der Rede wert. Sie schlief wieder ein.

Trotzdem wurde sie von Tag zu Tag wacher und wollte sich mit ihrem Leiden auseinandersetzen; weniger um zu hadern, als um zu begreifen. Sie suchte das Gespräch, wenn ich an ihrem Bett saß. Doch das Vokabular, das sie aufgeschnappt hatte von "Genetischer Fehlinformation" und "Ausrottung bösartiger Zellen", war mehr als unbefriedigend. Krankheit zu reduzieren auf falsch programmierte Zellen – war ein Mensch nichts weiter als ein defekter Mechanismus, der repariert wurde? Denn das war es gewesen, was sie uns erzählt hatten! Wir als molekulare Struktur, in der das Leben abschnurrte wie in einem Uhrwerk, bis es wieder auseinanderfiel.

"Was hilft das alles?" Sie seufzte. Der Gedanke, ein bloßes Uhrwerk zu sein, war ihr zuwider. Doch welchen Sinn hatte ein Leben mit solch einer Krankheit, die sie aus allem herausgerissen hatte.

Warum gerade sie? Waren wir unentrinnbar dem Schicksal ausgeliefert?

"Sag du!"

Es war eine Ehre, die fertige Antwort geben zu dürfen, aber welche? Uns war das Leben geschenkt worden. Nur dass manche eben kämpfen mussten dafür, während andere auf Sofakissen sitzen durften. Das war schon schon immer so. Doch wenn unsere Existenz über die Grenzen dieser Welt hinausging, dann hätten wir ja eine ganze Ewigkeit Zeit, es wieder neu zu versuchen. Es war nur die Form der Existenz, die sich änderte.

"Ich würde lieber jetzt leben", sagte sie.

Das war ihr ja auch von ganzem Herzen zu wünschen! Aber bekam das Leben nicht erst seine Bedeutung, wenn wir den Sinn fanden, der darüber hinausging?

"Ach du mit deinen Bio-Büchern", meinte sie, nochmals mit einem Seufzer. Aber es klang nicht ablehnend, sondern eher nachdenklich.

Vielleicht war das die große Aufgabe im Leben überhaupt: den Sinn zu finden. Melanie, so wie sie dalag und mich prüfend anschaute, war jedenfalls, ohne es zu wissen, ein lebendiges Beispiel für Sinn und Hoffnung. Sie würde nicht aufgeben! Wir hatten nie intensiver gelebt als gerade in diesem Augenblick.

Sie aß wieder kleine Häppchen und nahm an guten Tagen einen knappen Liter Flüssigkeit zu sich. Die Infusion konnte kleiner gestellt werden. Ganz langsam lernte sie auch wieder sich zu bewegen. Sie verstellte per Knopfdruck ihr automatisches Bett, probierte verschiedene Schräglagen aus und wenn ein Buch, das sie interessierte, in Reichweite lag, versuchte sie den Arm auszustrecken und es zu ergreifen. Dann zog sie Stück für Stück die Beine an, bis sie bei aufgerichtetem Rückenteil des Bettes in der Hocke saß und die Kniee als Stütze für ihr Buch gebrauchen konnte.

Der Arzt prüfte regelmäßig die Reflexe und ihr Bewegungsvermögen. Sie musste zeigen, mit welcher Kraft sie Arme und Beine gegen ihn stemmen konnte und er verlangte von ihr, dass sie die Gliedmaßen streckte und anzog. Verbissen tat sie ihr Bestes. Uns erschien das, was sie konnte, ein Fortschritt zu sein, aber sie selber wurde ganz kribbelig und wollte schier verzweifeln an ihrer eigenen Langsamkeit und Kraftlosigkeit.

Aber sie gab nicht auf. An einem Vormittag fuhr sie mit Entschlossenheit das Rückenteil hoch, dass sie aufrecht zu sitzen kam und machte Anstalten, die Beine aus dem Bett zu strecken. Der Arzt trat gerade ein zur Visite. "Nanu", wunderte er sich, "wir wollen aufstehen?"

Sie antwortete nicht und mühte sich weiter ab. Die Arme bewegten sich schwach, aber es gelang ihr nicht einmal, die Bettdecke zurückzuschieben. Die Beine wollten noch weniger gehorchen. Wie verzweifelt sie sich auch bemühte, es ging nicht. Ihre Augen füllten sich mit Tränen. Wir anderen umstanden sie und schauten stumm zu.

Der Arzt fand, soviel Einsatz müsse belohnt werden. Er umwickelte ihre Beine mit Bandagen zur Vorbeugung eines Kreislaufkollapses. Mit einer Schwester zusammen richtete er ihren Oberkörper auf und setzte sie auf die Bettkante. Der Kopf knickte um. Sie versuchte ihn zu heben, doch es wurde nur eine Pendelbewegung, weil das Kinn immer wieder zurücksank auf die Brust. Dann hob der Arzt sie hoch, die Schwester hielt den Kopf, ich die Füße – und sie stand auf eigenen Beinen! Sie stand sogar so, dass sie sich im Spiegel sehen konnte. Die Haare waren wieder etwas gewachsen. Sie lächelte sich zu. Dann knickten die Beine ein.

Je näher es auf Weihnachten zuging, desto unruhiger wurde sie. Sie war wechselnden Stimmungen unterworfen und manchmal ganz aufgelöst in Tränen. Vielleicht ließ sich das sogar als ein Zeichen der Besserung werten, denn in zurückliegenden Tagen hatte sie nicht einmal mehr weinen können. "Ich will auf", schluchzte sie, "ich muss nachhause, ich habe Geschenke für die Kleinen, du machst das ja doch nicht richtig."

Was ließ sich dazu sagen? Sie geriet in Aufruhr: "Es wird nicht besser! Warum? Wächst der Tumor?" Niemand wusste es.

"Aber was hast du mit den Ärzten besprochen?"

Immer nur soviel, um mir überhaupt erst selber ein Bild zu machen.

"Ich darf es nicht hören! Nie, nie, nie erzählst du mir davon!"

Das mochte stimmen, zum Teil. Doch es gab so vieles, an das man sich erst herantasten musste mit Fragen. Alles zu erzählen, würde sie nur aufgeregt haben.

"Aber sie müssen doch etwas sagen!"

Die Ärzte? Sie wussten es nicht. Es gab nur Vermutungen.

"Was vermuten sie?" Sie zitterte.

Es wurde tunlich, sie abzulenken: Ein Arzt hatte einmal den Fall der Wiederbelebung eines Patienten geschildert. Eine Gruppe Mediziner hatte sich stundenlang intensiv bemüht um ihn, aber dann ergebnislos abgebrochen. Es war Nacht und sie wollten nachhause. Da tat der tote Patient plötzlich einen Seufzer. Sie blieben und setzten ihre Versuche fort. Drei Tage später konnte man ihm in der Eingangshalle begegnen – auf eigenen Füßen!

"Phöhh!", machte sie.

Das war jedenfalls das, was der Arzt erzählt hatte. Er wollte damit sagen, dass eine andere Macht über das Leben entscheidet als nur die ärztliche Kunst.

"Was hatte er?"

Der Patient? Es war wohl ein Unfall gewesen.

"Ach!!" Um überhaupt einen Unfall zu machen, musste man ja erst einmal gesund genug dazu sein, vermerkte sie.

Stimmte auch. Es war ja nur gut gemeint gewesen. Aber der Arzt hatte noch einen anderen Fall angesprochen, bei dem der Patient gesagt hatte: Ich habe meinen Tumor besiegt!

"Also ist er gestorben?!"

Nun ja –, – aber es musste wirklich so sein, dass sich Menschen in solcher Lage oft fühlten, als hätten sie etwas Großes geschafft.

Sie schaute mich lange an mit dem Blick: Rede doch nicht so um den heißen Brei herum! Dann sagte sie: "Ich hab noch so viel zu tun im Leben ..."

Die Patienten der Klinik wurden zu einer adventlichen Feier eingeladen, die von den Schwestern und Pflegern vorbereitet war. Melanie durfte zum ersten Mal ihr Zimmer verlassen. Wir transportierten sie in ihrem fahrbaren Bett. Die meisten Patienten besuchten die kleine Darbietung auf eigenen Füßen und hatten schon einen Platz gefunden, als wir kamen. Das Bett wurde an einen Ort geschoben, von dem aus alles zu überblicken war. Wieder unter Menschen zu sein, wirkte auf sie wie ein Lebenselixier, das sie aufsog wie der Schwamm das Wasser. Mit hochgefahrenem Rückenteil saß sie aufrecht da, durch Kissen gestützt, und ihre Augen wanderten zu allem, was rings um sie vorging.

Dann wurde ein weiteres Bett herangerollt, in dem eine Frau mittleren Alters lag und neben das unsere gestellt. Die Frau konnte sich bewegen, aber alle Bewegungen waren von einer tiefen Mattigkeit. Irgendetwas war in ihrem Gesichtsausdruck, das betroffen machte. Sie verfolgte die Aufführung mit Blicken, in denen sich rührende Anteilnahme und Weltverlorenheit zugleich spiegelten.

Am nächsten Tag hing an ihrer Zimmertüre das Schild: Besucher bitte bei der Schwester melden! Die Türe stand einen Spalt breit offen. Das Zimmer war abgedunkelt. Eine Kerze brannte. Daneben standen Blumen...

Nach den aufgekeimten Hoffnungen in den Wochen der Besserung konnten wir es nicht ohne Bitterkeit hinnehmen, dass der Zustand sich wieder verschlechterte. Sie erbrach mehrere Male am Tag, der ohnehin schon unmäßige Speichelfluss steigerte sich noch mehr, und so sehr sie auch dagegen ankämpfte, versank sie für immer längere Zeit in reglose Apathie. Nur ein weher Blick aus gelegentlich geöffneten Augen zeigte, wie bewusst sie sich ihrer Lage war.

Der Arzt hatte Informationen angefordert von neurologischen Kliniken. Aber die Berichte glichen sich wie ein Ei dem anderen, sodass anzunehmen war, sie stammten alle aus der gleichen Quelle, den Internationalen Protokollen. Die gleichen Therapievorschläge, die gleiche Berechnung der Überlebenschance, der Strahlendosis ... sonst nichts. Wie konnte man sich nur damit abfinden? Es musste doch Menschen geben, die das Martyrium der Krankheit mit mehr als nur Berechnungen begleitet hatten!

Dann aber konnte der Kontakt aufnommen werden mit dem Leiter der Kinderonkologie eines großen Krankenhauses, der auf dem Gebiet auch andere Erfahrungen hatte. Er wollte keine Aussage machen zu dem Tumor, deutete aber die Symptome als einen lebensbedrohlichen Zustand, der nur noch mit Cortison unter Kontrolle zu bringen wäre. Das Mittel war nach den Operationen in hoher Dosierung angewendet und dann wegen befürchteter Nebenwirkungen ziemlich abrupt abgesetzt worden.

Am Heiligen Abend setzte die Dämmerung schon am Mittag ein, so trübe und grau war er. Melanie lag, seit Tagen schon, mit geschlossenen Augen da. Kein Wort mehr, kein Wunsch, nichts.

Der Arzt trat ein. Er stand vor dem Bett, schaute sie eine Weile an und zog nachdenklich die Augenbrauen hoch. In der Hand hielt er eine Spritze. Er setzte sich zu ihr, nahm den Arm mit dem Infusionsanschluss, drehte eine Schutzkappe ab und gab seine Dosis Cortison ein. Die Ärzte hatten am Morgen in einem Telefongespräch das Vorgehen besprochen.

Als er gegangen war, gab es außer warten nichts mehr zu tun. Geschwister und Freunde hatten ihren Besuch angesagt für den späten Nachmittag. Die Stunden vergingen zäh. Der Tag wurde noch grauer.

Nichts war zu hören als schwache, stoßweise Atmung.

Plötzlich waren sie da. Strahlend und mit von der Kälte geröteten Gesichtern schleppten sie ein drei Meter langes Ungetüm in das Zimmer, einen Tausendfüßler von Melanies Schulklasse. Es waren nur 70 Füße, die er hatte, doch er kam mit tausend guten Wünschen. Jeder hatte beim Zusammensticheln des Wurmes ein paar Füße und ein Stück Bauch dazu beigetragen.

Sie tat die Augen nicht auf und gab kein Lebenszeichen. In der Vorfreude der Bescherung erfassten es die Besucher noch nicht gleich. Weitere Dinge wurden hereingetragen, bunte Pakete mit Geschenkbändern und ein richtiger Tannenbaum in einem großen Blumentopf. Erst als alles aufgehäuft war vor dem Bett, alle erwartungsvoll dasaßen und sie anschauten, dämmerte es ihnen, dass eine andere Stimmung Platz gegriffen hatte als die der Festesfreude. Melanie lag leblos da und mein Schweigen machte die Sache nicht besser.

Alle Freude fiel in sich zusammen. Niemand sagte mehr etwas. Erst hatten alle sie angestarrt, dann blickte jeder zu Boden. Als eines der Kinder anfing zu weinen, hatten auch wir anderen Mühe, die Tränen zurückzuhalten.

Es würde besser sein, wenn sie zurückfuhren! Sollten sie doch den Abend bei ihren Freunden verbringen und das Leben von einer gefälligeren Seite nehmen! Es wurde sowieso Zeit, sie hatten eine lange Fahrt vor sich. Wir nahmen Abschied.

Was blieb, war der Weihnachtsbaum neben dem Bett und liebevoll verpackte Dinge wie Kerzen, Figuren, kleine Engel aus Silberhaar, ein Bild der Mutter ... Und Erinnerungen: Flatterndes Geschenkpapier, glänzende Kinderaugen, eine Mutter inmitten ihrer Kinderschar, die alle Gaben gebührend bewundern musste, wenn sie zu ihr gelaufen kamen ... Unsanft ertönte in meinen Ohren plötzlich ein lautstarkes "Fröhliche Weihnachten!" Zwei Schwestern waren eingetreten, um Melanie zu pflegen. Dienst war Dienst! Eine wartete auf meinen Abgang und machte die Türe hinter mir zu.

Der Stationsgang draußen war mit Kerzen erleuchtet, was ihm, so nüchtern er sonst war, ein festliches Gepräge gab. Gegenüber dem Treppenaufgang war eine Krippenlandschaft mit Tonfiguren aufgebaut, Maria und Josef, das Kind, Ochs und Esel in ihrem Stall, alles war zur Stelle, als wäre es eine Aufforderung, sich dazu zu setzen. Eine junge Schwester huschte vorbei und sagte: "Na! Sie passen aber gut zu der Heiligen Familie!"

Es musste an den Erinnerungen liegen. Immer vor Weihnachten hatten die Kinder die Aufführung eines Hirtenspieles sehen dürfen. Manchmal wurde es dann im Kleinen wiederholt mit einem blauen Stoffrest, der einen kleinen Frechdachs in eine Maria verwandelte, und einem weißen Nachthemd für den Engel, der stolz seinen Papierstern strahlen ließ. Uns andere machten alte Tücher zu Hirten und Königen, die andächtig die Heilige Familie besuchten, auch wenn die Maria im heiligsten Augenblick stürmisch niesen musste und die Süßigkeiten wegnaschte, die als Gabe für das göttliche Kind gedacht waren.

Die Kerzen waren schon weit heruntergebrannt, als die Schwestern erneut vorbeikamen: "Sie können wieder rein! Melanie will wissen, wo Sie eigentlich stecken solange." Strammen Schrittes verschwanden sie in einem anderen Patientenzimmer.

Sie hatte die Augen geöffnet und schaute mir erwartungsvoll entgegen, als ob etwas stattzufinden hätte. Auch nach einer Weile, bei ihr sitzend und halb und halb gefasst, sie wieder in Apathie versinken zu sehen – der Blick blieb: voller Erwartung und Vertrauen, dass mir etwas einfiele zum Thema Weihnachten. Sie lächelte sogar ganz fein wie zur Aufmunterung.

Als Kind war ihr die Weihnachtsgeschichte etwas vom Liebsten gewesen, die wundersamen Ereignisse, die geschehen waren. Aber jetzt war sie aus dem Alter heraus. Wenn es nicht nur ein frommes Märchen bleiben sollte, dann musste das Geheimnis von damals neu gefunden werden. Hing das nicht auch alles zusammen mit ihr und ihrer Krankheit? Nur für irgendwelche richtig oder falsch programmierten Zellen hätte kein Christus auf die Erde zu kommen brauchen. Doch wenn wir unsterbliche Seelen waren, war Er dann nicht der Schlüssel zu allem, was mit unserem Schicksal zusammenhing?

Wer die Gabe hatte, still zu sein und lauschen zu können, vernahm manchmal Dinge, die sonst in dem Getriebe der Welt untergingen. Solchen schnell verwehenden Tönen glich der Bericht, der mir vor vielen Jahren einmal zu Ohren gekommen war als ein Rätsel, von dem man nicht wusste, was davon zu halten war. Unter tausenden von längst vergessenen Eindrücken war es mir im Gedächtnis geblieben. Mochte Melanie es hören? Sie nickte.

In der Nachbarschaft hatte eine Frau gewohnt, die sehr zurückgezogen lebte und die einmal eine Begegnung hatte, deren Erinnerung sie wie ein Heiligtum in sich verschloss. Bei einer schweren Krankheit, als sie im Krankenhaus lag, war ihr Zustand so hoffnungslos, dass sie von den Ärzten aufgegeben wurde. Sie selbst erlebte sich dabei wie in Todesstarre, aber nicht ohne Bewusstsein und sie nahm alles um sich herum wahr wie mit geschärften Sinnen. Sie erlebte sich als anwesend in ihrem Krankenzimmer und gleichzeitig stand ein Mensch bei ihr, der nicht aus Zeit und Raum zu sein schien, gekleidet auf eine fremdartige Weise, als käme er aus einer anderen Kultur. Von ihm ging eine Ruhe aus, die alles Wirre besänftigte. Er sprach zu ihr in einer fremden Sprache, die sie nie gehört hatte und doch dem Sinn nach verstand. Ihr wurde bedeutet, dass sie wieder gesund würde.

Sie wurde wirklich gesund. Die Ärzte standen vor einem Rätsel, doch ließen es dabei bewenden, wie ihre sonstige Umgebung auch. Niemand wusste, was geschehen war, weil sie sich niemandem anvertraute aus dem Gefühl heraus, nicht verstanden zu werden oder Spott zu ernten. Als sie dann doch, Jahre später, davon sprechen konnte, sagte sie, dass es nicht die Errettung war, die ihr ganzes Dasein verändert hatte. Es war die Begegnung selbst gewesen, die auf sie gerichteten Augen, von deren Blick sie im Innersten erschüttert worden war.

Melanie lag still da, ohne einen Wunsch zu äußern und schaute nur. In ihrem Blick lag etwas wie eine Andeutung, dass Weihnachten sie auch in diesem Jahr nicht leer hatte ausgehen lassen. Es war nur bedauerlich, nicht mehr zu wissen. Was war aus der Frau geworden? Damals hatte man das Mitgeteilte zur Kenntnis genommen, ohne weiter zu fragen. Jetzt war es, als ob in jedem Wort, das noch zu erfahren gewesen wäre, ein tiefer Sinn hätte verborgen liegen können.

9. Wie stirbt man?

Die Nacht war ruhig und Melanie schlief ohne zu erbrechen. Am Morgen war sie ein anderer Mensch. Die dumpfe Apathie, die nicht erkennen ließ, ob sie überhaupt schon erwacht war, der zähe Speichel, der aus dem Mund floss – vorbei. Sie schaute recht munter, tat als ob nichts gewesen wäre und sagte, sie hätte Hunger. Das Frühstück kam und was sie aß, waren nicht nur Häppchen. Vorher war alles mir zugute gekommen, jetzt meinte sie ungerührt: "Kuck mal, wo du selber was herkriegst."

Nur ein Seitenblick des Arztes, der sie beobachtete, warnte vor voreiligen Hoffnungen. Cortison aktivierte die Reserven des Körpers, die letzten vielleicht, und war als appetitanregend bekannt, besaß aber keinerlei Einfluss auf Tumore. Ein Wunder hatte es trotzdem bewirkt, auch wenn niemand wusste, wie lange es anhielt.

Zwei Tage später saß sie in einem Lehnstuhl am Tisch, nach einer kurzen Abwesenheit von mir. Die Schwestern hatten, als sie zeigte, dass sie den Kopf aufrecht halten konnte, dort das Essen angerichtet und ihr das Besteck in die Hand gegeben. In den vergangenen Wochen hatte man froh sein können, wenn sie überhaupt nur den Mund aufmachte und jetzt saß sie da, angegurtet natürlich, und aß selber, so eckig ihre Bewegungen auch sein mochten. Anschließend wurde sie in einen Rollstuhl gesetzt und machte mit den Schwestern eine Rundreise durch die

Klinik. Sie strahlte.

Wieder im Bett, wurde sie gelagert, wie es ihre Lieblingsstellung war: Sitzend bei aufgerichtetem Rückenteil mit angezogenen Knieen, die sie als ein kleines Pult nahm, um Bücher aufzustützen. Es war ein ziemlicher Stapel, den sie von nun an selber zu lesen gedachte.

Von den fürsorglichen Schwestern wurden Papier, Pinsel und Aquarellfarben herbeigeschafft und auf einer über das Bett geschobenen Tischplatte in Griffweite angeordnet. Als sie den Pinsel in Wasser und Farben tauchte und über das Papier führte, war sie so versunken in ihr Tun wie früher, wenn sie an ihren Bildern malte. Sie wurde zwar ungeduldig, dass es nicht schneller gehen wollte, doch ihre Arbeit nahm Gestalt an. Es mochte vielleicht ein in Farben zerfließender Sonnenuntergang werden, als ob Licht gegen Finsternis kämpfte.

Etwas einfacher ging es mit dem Zeichenstift, weil sie da den Handballen aufstützen und aus dem Handgelenk heraus den Stift über das Blatt gleiten lassen konnte. Was entstand, war wie eine Spiegelung ihres Gemütszustandes: Winterlich kahle Bäume, die ihre knorrigen Äste über einen Abgrund streckten. Danach machte sie Schreibübungen, als ob sie im Sinn gehabt hätte, ihr Tagebuch weiterzuführen. Sie füllte ein Blatt mit Gekribbel, fing probehalber an, den Text eines Buchdeckels abzuschreiben und versuchte, die alte Schwunghaftigkeit ihres Namenszuges hinzukriegen. Doch es ging nur langsam und die Schriftzüge rutschten ihr immer wieder weg. Sie gab es auf.

"Sie sollten ein bisschen aufpassen auf sich", sagte die Oberschwester, als sie mich vorübergehen sah. "Sie müssen ausspannen!" Sie hantierte am Medikamentenschrank mit Tropfen und Pülverchen. Meine Erwiderung, schon fast ein schlechtes Gewissen zu haben wegen meines Wohlbefindens, ließ sie nicht gelten. Ihrer Erfahrung nach hatten des Öfteren besorgte Angehörige ihre Kräfte überschätzt, bis sie zusammenklappten. Es schien ein kleiner Wink zu sein, aber nett gesagt.

Sogar Melanie fing damit an: "Du musst gehen!"

Nanu? Hatte sie genug von mir?

"Nein, aber die anderen ..."

Hähh? Welche anderen? Man wollte es doch mit niemandem verderben!

"Die Kleinen! Du musst auch zu ihnen."

Ach so! Wenn es nur das war, brauchte sie sich nicht zu sorgen. Den Kleinen ging es doch gut! Die wurden nach Strich und Faden verwöhnt, das wusste sie doch selber.

"Aber, du darfst nicht immer nur bei mir sein. Es ist doch langweilig für dich!"

Meine Miene verfinsterte sich: Mir ging es tiptop hier, höchstens den Schwestern wäre man ein bisschen im Weg, doch das ließe sich nicht ändern – ich bliebe! Von Berufs wegen! Mein Hauptberuf hieß jetzt: Melanie!

Sie lächelte.

Trotzdem waren liegengebliebene Dinge zu erledigen, die für ein paar Tage meine Abwesenheit bedingten. In der Dämmerung stand das alte Haus bei meinem Kommen noch genau gleich verlassen da. Nicht mehr viel erinnerte an die einstige Munterkeit, die den Ort belebt hatte. Die Zimmer waren aufgeräumt und sogar bei den Kleinen saßen Puppen und Plüschtiere fein ordentlich in einer Reihe, als ob sie nie etwas anderes getan hätten. Fröstelnd mit hoch geschlagenem Kragen und unschlüssig, wo anfangen, war ein Kratzen zu hören. Durch das Fenster schauten die Augen zweier Katzen, ob sich nichts öffnen würde. Als sie reindurften, sprangen die beiden auf die

Betten und rollten sich ein. Ermahnungen, sich keinen falschen Hoffnungen hinzugeben, nahmen sie gelassen: Sie würden wohl noch weiter im Stall leben müssen. Doch sie schnurrten nur und steckten den Kopf unter den Schwanz.

Ich erledigte meine Angelegenheiten. Bei Anrufen zwischendurch in der Klinik waren Erfolgsberichte zu hören. Melanie war in die Badewanne gesteckt worden und freute sich schon aufs nächste Mal. Warm eingepackt war sie dann im Rollstuhl mit Schwester Lia draußen in der klaren Winterluft gewesen. Die Aufregung über die Neuigkeit war förmlich zu spüren durch das Telefon. Cortison war reduziert auf eine Erhaltungsdosis und der Neurotest, wenn schon nicht besser, so doch auch nicht schlechter.

Die Tage in der Außenwelt, in der das Leben unbekümmert seinen Fortgang nahm, hatten etwas Unwirkliches an sich. Als ob man nicht mehr richtig dazugehörte und das Leben erst wieder neu erlernen musste. Ich atmete tief durch und konnte es doch kaum erwarten, in die Klinik zurückzukehren.

Das Wetter war frühlingshaft, obwohl es dem Kalender nach grimmiger Winter hätte sein sollen. Nach meiner Ankunft gingen wir gleich zusammen aus. Melanie wurde in den Rollstuhl gehoben, sorgfältig in Stiefel, Mantel und Wolldecken verpackt und angegurtet. Um ihr die Irritierung durch die Doppelbilder, die sie sah, zu ersparen, wurde das gelähmte Auge überklebt. Die Hände staken in dicken Wollsocken, weil sich auf die Schnelle keine Handschuhe hatten finden lassen.

Wir zogen los in das Städtchen. Die Ortsmitte lag in einer verkehrsberuhigten Zone, die auf Seitenwegen zu erreichen war. Gelegentlich trafen uns Blicke, gemischt aus Mitleid und Befremden. Melanie in ihrer Verpackung mit dem zugeklebten Auge und dem von Cortison aufgedunsenen Gesicht bot einen seltsamen Anblick, doch die meisten Passanten gaben vor, uns nicht zu sehen.

Ihr war es egal. Die Geschäftsstraßen, die eiligen Leute, der Brunnen auf dem Marktplatz, spielende Kinder – das waren Eindrücke, die sie lange entbehrt hatte und an denen sie sich nicht satt sehen konnte. Gefiel es ihr? Ihre Augen wurden feucht. Um ihr etwas Liebes zu sagen, setzte ich mich in die Hocke vor sie und schmiedete Pläne: Vielleicht, dass sich unser alter Bus so einrichten ließe, dass der Rollstuhl ohne viel Aufwand hineingeschoben werden konnte. Dann würden wir wieder richtige Reisen miteinander unternehmen! Unter Tränen lächelte sie.

Bei einer Rast in einer lauschigen Ecke hinter einer Kirche gesellte sich eine Frau zu uns mit einem behinderten Kind in einem Rollstuhl. Sie mochte von einem nahe gelegenen Heim sein und einen Schutzbefohlenen ausführen. Vielleicht dachte sie, wir wären Kollegen. Das Kind hing in seinen Gurten, lächelte in sich hinein und sabberte. Auf den ersten Blick wirklich kein großer Unterschied zu uns! Als wir keinen Ansatz zeigten zu einem kollegialen Austausch, gingen sie weiter. Melanie warf mir einen halb belustigten, halb schmerzvollen Blick zu.

An den Morgenden war die Zeit, sich während der Pflege die Beine zu vertreten und an der Rezeption nach Post zu fragen. Bei der Rückkehr ins Zimmer, nachdem die Schwestern ihre Arbeit ungestört hatten leisten können, schaute sie mir erwartungsvoll entgegen.

Heute war es ein Brief für sie. Er musste gleich geöffnet werden. Beim Lesen jedoch wurde ihre Miene finster. Zum Schluss lehnte sie mit schmalen Lippen in ihren Kissen. Was war los, war etwas passiert? "Gemein!", sagte sie.

Obwohl mich ihre Briefe nichts angingen, interessierte mich doch, was darin stand. Ob man ihn lesen durfte? Ausnahmsweise Ja! Er war von einer Klassenkameradin.

Es ging um das Skilager der Schule. Auf Pisten war man heruntergefegt und Jungens hatte man schöne Augen gemacht. Im Jahr zuvor war sie noch dabei gewesen.

Das Wetter war mild und wir machten jeden Tag lange Spaziergänge. Einmal war sie von den Schwestern fertig angekleidet worden und saß schon angegurtet im Rollstuhl bei meinem Eintritt ins Zimmer. Potz! Mein schöner altmodischer Wintermantel – sie hatte ihn jetzt an! Die Art musste wieder modern geworden sein und sie hatte den Schwestern eingeblasen, wir hätten getauscht. "Warte nur, du Tunichtgut!", brummte ich, aber sie schaute nur mit frommem Blick zur Decke hinauf.

Dem Straßenverkehr konnten wir aus dem Weg gehen, doch dafür holperte es zum Erbarmen auf dem Kopfsteinpflaster der Innenstadt, das wir manchmal zu überqueren hatten. Sie schlug vor, wir sollten es mit Schuss versuchen, so wären wir schneller drüben. Aber natürlich, der Rollstuhl wollte nur noch vorsichtiger bewegt werden, wie eine Fracht mit hochzerbrechlichem Inhalt.

Wir erkundeten das Städtchen von einer Seite zur anderen, fuhren durch verwinkelte Gässchen, schauten in jede Ecke und bei jeder Frage, ob sie genug hätte, schüttelte sie beharrlich den Kopf. Selbst als der Tag zu Ende ging und langsam Dämmerung und Kälte einsetzten, war sie noch nicht zum Heimgehen zu bewegen. Im Gegenteil, sie wollte die Enten gefüttert haben in einem kleinen See außerhalb der Ortschaft. Die Manteltaschen beulten sich von altem Brot, das auf ihre Anregung aus der Küche stibitzt war. Bei der fortgeschrittenen Tageszeit war zu hoffen gewesen, sie hätte es vergessen. Aber nichts da! Mit ihrem unverdeckten Auge winkte sie in die Richtung des Ortsausgangs. Sie hatte schon immer einen Dickkopf gehabt. Also gingen wir.

Weit und breit war kein Mensch mehr zu sehen, doch die Enten waren angenehm berührt, dass zu so später Stunde noch jemand an sie dachte. Sie schnatterten aufgeregt unter dem Steg. Die Bremse am Rollstuhl musste noch angezogen werden und dann kam das Brot an die Reihe.

Die Vögel hatten einen gesegneten Appetit. Als die Bröckchen herabregneten, ruderten sie los, als gelte es die Meisterschaft. Das spritzte anders als an den Sonntagen, wenn sie träge und vollgefressen die Brotbeutel der Spaziergänger kaum noch eines Blickes würdigten. Die letzte Scheibe segelte als Ganzes ins Wasser. Sie war zu groß, um auf einmal geschluckt zu werden und die glückliche Schnapperin versuchte ihren Fang durch die Flucht zu retten. Schon war der Pulk quakend und flügelschlagend hinter ihr her. In wilder Verfolgungsjagd ging es über den ganzen Teich, bis sie in der Dämmerung verschwanden. Melanie war ganz eingenommen von dem Aufruhr, der sich mit solch einfachen Mitteln hatte entfesseln lassen und blickte ihm gespannt nach.

Dann stöhnte sie und schaute mich bittend an. Etwas stimmte nicht mehr. Sie war verrutscht im Rollstuhl. Ein Griff rechts und links am Hosenboden, ein Ruck, und sie saß wieder, wie sie sollte. Ein dankbares Lächeln quittierte den kleinen Dienst und sie nickte zum Zeichen, dass wir gehen konnten.

Die Dunkelheit brach herein. Nebel kam auf. Langsam gingen wir zurück. Alle Umrisse lösten sich auf, als liefen wir durch eine Welt von Watte. Kein Ton war zu hören, kaum noch die eigenen Schritte. Die mitgenommene Decke war wärmend um sie geschlungen und auf ihrem Gesicht lag ein Ausdruck von Versonnenheit.

Bei unserer Rückkehr wartete schon das Abendessen. Sie wurde an den Tisch gesetzt und ließ es sich schmecken. Gelegentlich musste ihr etwas gereicht oder ein Brot gestrichen werden. Nach dem Essen wollte sie sitzen bleiben und zeichnen und fragte nach Papier und Stiften. In dem gedämpften Licht der Lampe, das nur die kleine Fläche des Tisches beleuchtete, atmete ganz die Stimmung, in der sie früher ihre Arbeiten zustande gebracht hatte.

Lange mühte sie sich ab. Doch sie hatte die Feinmotorik ihrer Hand verloren und alles geriet grob und unbeholfen. Zufrieden war sie nicht damit. Endlich gab sie auf und trommelte entnervt mit den Fäusten auf den Tisch, aber auch das wurde nur ein leises Pochen. In ihren Augenwinkeln standen Tränen. Tapfer versuchte sie, sie wegzublinzeln.

Das ständige Bewusstwerden ihrer eigenen Unzulänglichkeit warf sie trotzdem nicht mehr aus der Bahn. Sie gab die Hoffnung nicht auf, aber klammerte sich auch nicht mehr daran wie an einen Strohhalm. Als ob von einem bestimmten Punkt an

Sorge und Angst ihren Würgegriff verloren hatten, konnte sie ihren Zustand annehmen. Vielleicht ahnte sie, was bevorstand und akzeptierte es als ihr Schicksal.

Wenige Tage später erwachte sie am Morgen und sagte: "Ich kann mich nicht mehr bewegen." Sie sagte es sachlich, höchstens mit einer Spur eines Vorwurfes in der Stimme, der sich an niemanden richtete als an die allgemeine Vorsehung. Keine Begleiterscheinungen waren aufgetreten, weder Schmerzen noch Erbrechen noch sonst etwas. Vom Hals an abwärts war sie, gleichsam über Nacht, vollkommen gelähmt.

Der Arzt, immer freundlich aber immer beschäftigt, hatte auf einmal Zeit. Er bat mich in sein Zimmer.

Wir schwiegen uns eine Weile an. "Und?", sagte er schließlich, "sehen Sie es auch so?" Geradeso als wären wir Kollegen.

"Ja", blieb nichts übrig, als zu sagen, "ich weiß. Der Tumor wächst."

Die Schwestern, stets nachsichtig im Umgang mit uns, wurden noch nachsichtiger.

Es war beim Frühstück – wir mussten sie wieder füttern – als sie ohne jede Gefühlsaufwallung fragte: "Wie stirbt man?" Ganz sachlich.

Ich schluckte, nicht gefasst auf die Frage und versuchte es mit Allgemeinheiten: Wir sterben ja alle einmal.

"Aber wie!!" Das war deutlich. Sie wollte es genau wissen.

Was war da zu sagen? Es gab einen Arzt, der die Erlebnisse von Menschen aufgezeichnet hatte, die nach einer Operation oder einem Unfall klinisch tot gewesen waren, aber dann doch wiederbelebt wurden. Vielleicht war es das, was sie hören wollte? In den Schilderungen war die Rede gewesen von einem wunderbaren Licht, in das diese Menschen hineingegangen waren.

"Und weiter?"

Dort angelangt, hatten die meisten nicht mehr zurückkommen wollen, es sei Wärme und Friede von dem Licht ausgegangen.

Doch das schien ihre Frage nicht zu beantworten. Sie runzelte die Stirn und sagte: "Aber vorher – tut es weh?"

Wer wusste das schon? Es sah so aus, doch es konnte von den Betroffenen auch ganz anders empfunden werden als von denen, die zuschauten.

"Hast du einmal?"

Ja, hatte ich. Bei einem Verkehrsunfall; jemand lag am Straßenrand. Ich blieb bei ihm. Er versuchte etwas zu sagen. Einmal wollte er aufstehen mit seinen grässlichen Verletzungen und man musste ihn festhalten und beruhigen.

"Und dann?"

Das Übliche in solchen Fällen, ringsumher Hektik. Irgendwann war ein Arzt da, aber bevor weitere Hilfe kam, war der Mensch tot. Der Arzt sagte es jedenfalls.

Sie wartete, ob es weiterginge. Doch außer dass ich ganz durcheinander gewesen war, gab es nichts mehr zu berichten. Das Lebendige des Vorganges, nicht das Tote, hatte mich so mitgenommen. Wie er sich an mich klammerte und mit versagender Stimme immer wieder etwas hatte mitteilen wollen. Vielleicht hatte es ein letzter Gruß sein sollen an einen lieben Menschen.

Wir schwiegen.

Dann fragte sie nach ihrer Mutter. Die Erinnerungen, die sich so sehr eingeprägt hatten, wollten erst in mitteilbare Worte gebracht werden. Der Arzt damals hatte nicht mehr gewusst, was tun und nur noch eine Schwester geschickt mit Infusionen und Spritzen. Wir baten sie, uns zu verlassen und sie war froh, dass sie gehen konnte.

"Und dann?"

Dann waren wir allein für die ganze Nacht, ohne allen Betrieb. Es war besser so. Es war, als ob sie wieder zu einem Kind wurde, schutzlos dem Geschehen ausgeliefert und trotzdem voller Ergebung in das Kommende, mit zarter Stimme die kleinen Wünsche hauchend, die noch erfüllt werden konnten. Dass man ihr Wasser gab, das sie in feinen Schlückchen zu sich nahm, und dass man ihre Stirn kühlte mit einem feuchten Tuch. Sie vergalt es mit dankbaren Blicken. Vieles sagte sie noch – nicht mit Worten, sondern mit den Augen. Vielleicht sah sie auch schon das wunderbare Licht. Sie lächelte manchmal.

Im Eßsaal klapperte zu früher Stunde nur ab und zu Personal vorbei mit Geschirr. In meiner Ecke war ich niemandem im Weg und wartete auf das Ende der morgendlichen Pflege.

Eine Gruppe Ärzte kam herein. Sie genehmigten sich ein kurzes Frühstück und fachsimpelten an ihrem Tisch. Unser Arzt war dabei. Als er mich sah, kam er herüber und brachte eine Tasse Kaffee. Danke!

"Ich hatte gerade ein Gespräch mit Melanie", sagte er. "Hat mich beeindruckt. Wirklich!"

Um was es denn gegangen wäre, und ob er sich nicht setzen wolle?

"Fragen Sie sie selber! Das Mädchen weiß, um was es geht. An ihr können wir die Kunst des Begleitens erlernen!"

Was genau es mit dieser Kunst auf sich hatte, war nicht mehr zu erfahren. Er war schon wieder unterwegs.

Später bei Melanie: "War der Arzt dagewesen? Hat er etwas gesagt?"

"Ach ... ", Seufzer.

"Erzähl doch mal! Hat er nichts gesagt?"

"Doch. Das gleiche wie du!"

"Was denn?"

"Ich hätte ein besonderes Schicksal."

"Das stimmt! Da hat er recht!"

"Ach ... " Wieder ein Seufzer, halb ungeduldig, halb resigniert. "Ich hätte lieber kein besonderes Schicksal und könnte dafür leben."

Mehr und mehr hatte sie Mühe mit dem Sprechen. Es wurde leiser und schwerfälliger. Für mich, der 24 Stunden am Tag bei ihr war und gelernt hatte auf ihre Art einzugehen, war das kein Hindernis. Aber andere, die nicht geduldig versuchten sie zu verstehen, konnten sich nicht mehr so leicht mit ihr verständigen.

In gesunden Tagen war das Miteinander-Reden eine Selbstverständlichkeit gewesen. Manchmal hatte es sich auf kaum mehr als das Notwendige beschränkt, je nach Lust und Laune. Erst als ihr die Sprache zu entgleiten drohte, erlebten wir, ein wie starkes Band sie war zwischen uns. Unsere Gespräche mussten ersetzen, was Melanie an Lebenserfahrung nicht mehr machen konnte. Kein Tag verging, an dem sie nicht wartete, ob wir uns etwas zu sagen hatten.

Unsere Gespräche begannen schon am Morgen und das Frühstück zog sich dadurch erheblich in die Länge. Trat der Arzt ein zur Visite, waren wir immer noch beschäftigt. Dabei staunte er mehr als einmal über die Reichhaltigkeit der gedeckten Tafel. Ein richtiges 5-Sterne-Hotel-Frühstück nannte er es. Wir lächelten verlegen. Die hauseigene Marmelade hatte Tischgenossen bekommen vom örtlichen Supermarkt, würzige Häppchen mit diversen Mayonaisen zum Beispiel. Der Arzt lobte unseren Appetit, befürchtete aber, dass wir uns unbeliebt machten bei den Schwestern wegen der schieren Dauer der Mahlzeit, die den Zeitplan durcheinander brachte.

Wir versprachen, uns zu beeilen, doch Melanie konnte nun mal nicht mehr schnell essen! Er fand stundenlanges Frühstücken trotzdem übertrieben, sagte es aber so nett, dass wir nicht allzu beunruhigt waren. Im Gehen zog er manchmal noch ein Buch aus der Tasche – sorgfältig ausgesucht, sagte er – und verordnete es als geistige Nahrung. Wir dankten und setzten unsere Gespräche fort.

Es ging um etwas, das Melanie tief beschäftigte. Eine Schulkameradin war tödlich verunglückt. Eine kleine Unaufmerksamkeit auf dem Heimweg von der Schule, eine falsche Reaktion in der Sekunde, die blieb, und es war geschehen. Warum hatte Steffi sterben müssen? Wo war sie jetzt, die doch ein langes Leben vor sich gehabt hatte, ein Leben voller Taten.

"Seltsam, sie kam immer zu mir in der Pause", meinte sie nachdenklich, "einfach so."

Die beiden gingen in verschiedene Klassen, aber waren befreundet, ohne recht zu wissen warum. "Vielleicht hattet ihr euch in einem anderen Leben gekannt", riet ich.

"Erzähl!", sagte sie.

Damit war ich überfordert; es war mehr allgemein gemeint gewesen.

"Dann erzähl allgemein!"

Aus eigener Erfahrung ließ sich dazu noch nicht viel sagen. Aber sie wusste, dass ich meine Nase in entsprechende Bücher gesteckt hatte; eben die Bio-Bücher, wie sie sie nannte.

Das war zwar vorerst nur Theorie, doch immerhin mehr als das heutige Weltbild, das keinen besonderen Anlass zur inneren Erbauung bot. Einer der Ärzte war noch nicht vergessen, wie er sich so sehr bemüht hatte um das Wohl seiner Patienten und gleichwohl die Schöpfung als hoffnungslose Stümperei ansah, wenn es überhaupt eine gab und nicht nur eine Ansammlung von im Weltall herumfliegenden Atomen, in denen irgendwann zufällig das Leben entstanden war. Und dieses Leben dann auch noch eingeschlossen in die engen Grenzen von Geburt und Tod – und vorher nichts, und nachher nichts? Seltsame Frage.

Wie sprach man nun davon zu einem jungen Menschen, der nichts wollte als leben? Fragen waren noch keine Antworten. "Aber Steffi", sagte sie zu meinen etwas unbeholfenen Versuchen, "was nützt ihr das nun? Sie hätte sicher auch nichts anderes gewollt als nur leben – genau wie ich."

Recht hatte sie natürlich! Wer hätte nicht so gedacht?

Was sich unverändert erhalten hatte, war ihr guter Appetit und aus den Mahlzeiten machten wir ein kleines Fest. Sie saß aufrecht in die Kissen gelehnt und das Tischchen mit den Speisen stand neben ihr.

Es fing an mit der Suppe. Sie nahm sie Schluck für Schluck durch den Trinkhalm. Dann mussten ihr Bröckchen und Bissen mit der Gabel zwischen die Zähne gegeben werden. Sie war wählerisch und dirigierte mich. Ein sanftes Emporziehen der rechten Augenbraue hieß: Falsch, ich wollte etwas anderes! und ließ mich rätseln, ob ihr der Sinn nach der einen oder anderen Spezialität würziger Häppchen stand. Sie machte einen Wink mit den Augen, doch manchmal war er nicht sofort zu verstehen. Dann schaute sie mich an mit dem Ausdruck: Na, hör mal! und führte den Wink noch einmal aus. Wenn man gut aufpasste, klappte es dann auch. Sie bekam ihre Spezialität. Na also! sagte sie mit den Augen, ohne dass ein Wort hatte fallen müssen.

Manchmal musste man ihr das Brot auch in die Hand geben. Sie hatte immer noch nicht aufgegeben, ihre Arme gebrauchen zu wollen. Die Hand war warm und weich, die Finger ließen sich öffnen und schließen, ohne dass ein Widerstand zu spüren war. In den Schultern schien ihr noch eine Spur von Beweglichkeit zu sein und wenn sie sie hochzuziehen versuchte, würden Arm und Hand näher zum Mund kommen, glaubte sie. Doch so sehr sie sich abmühte, das Brot in ihrer Hand bewegte sich kein Stück.

Deshalb versuchte sie es umgekehrt. Der Hals war wunderbarerweise nicht betroffen von der Lähmung. Im Liegen neigte sie den Kopf immer mehr zur Seite gegen die schlaff auf dem Kissen ruhende Hand, bis sie endlich das Brot erreichte und zwischen die Zähne nahm, mit tastenden Lippen.

Die Nachricht vom Tod des Großvaters kam. Zum letzten Mal hatten wir ihn im Sommer gesehen.

Schon damals gab es nicht mehr viel, was ihn noch an diese Welt band. Er hatte sein Leben gelebt.

Das Wetter sah nicht sehr vielversprechend aus. Es würde wohl Schnee geben und glatte Straßen. Was war wichtiger, Beerdigung oder Melanie? Sie machte meinen Überlegungen ein Ende: "Willst du nicht gehen?"

Sollte ich wirklich?

"Natürlich!" Sie bekam einen Abschiedskuss und die Schwestern die Ermahnung, gut auf sie aufzupassen. Sie wünschten gute Reise.

Am Abend, nach meiner Rückkehr, fragte sie gleich: "Wie war's?".

Je, nun. Der Pastor hatte schöne Worte gefunden.

"Was hat er gesagt?"

Dass der Großvater ein guter Mensch gewesen war. Hinterher waren alle im Gasthaus eingeladen. Es gab Schinkenplatte.

Wir schwiegen. Dann fragte sie, ob er jetzt dort wäre, wo ihre Mutter war. Ganz so einfach war das natürlich nicht zu beantworten.

"Er war wirklich ein guter Mensch!", sagte sie mit Nachdruck.

Das ließ sich nur bestätigen. Die Kinder hatten ihn gern gehabt und waren ihm früher, kaum dass sie laufen konnten, im Garten auf Schritt und Tritt hinterher gewackelt. Zum Feierabend saß er dann da, die Zufriedenheit selber, vor sich sein Bier, seine Zigarette ...

"Also was ist?", beharrte sie.

Ja, er würde dort sein. Nur dass er sich vielleicht noch nicht ganz zurecht fand. Es konnte verwirrend sein, in eine Welt zu kommen, von der man nicht recht wusste, ob es sie überhaupt gab.

"Glaubte er nicht daran?"

Das war nie ein Thema gewesen zwischen uns. Wir hatten im Leben über alles Mögliche geredet, aber über das nicht.

"Hättet ihr aber sollen!"

Vielleicht hätte man wirklich sollen. Andererseits, es brachte nichts, mit seinen Ansichten hausieren zu gehen. Das hätte nicht einmal bei ihr etwas gebracht!

Sie protestierte, aber man kannte natürlich seine Melanie auch aus besseren Zeiten, wie sie mächtig viel andere Dinge im Kopf gehabt hatte. Jungens und so, zum Beispiel. Da hätte man schön abfahren können mit seinem Psalm.

Sie lächelte unschuldig und lenkte ab: "Was ist jetzt mit dem Großvater?"

Schwer zu sagen. Aber selbst wenn er sich verloren vorkam am neuen Ort, – es würde jemand dort sein, der ihn kannte und gern hatte und weiterhalf ...

Ich stand etwas früher auf, verräumte das Klappbett und saß kniend vor Melanies Lager, um ihr langsames Auftauchen aus Schlaf und Benommenheit abzuwarten.

Vor der Tür war von draußen ein leises Scharren von Füßen und ein Flüstern zu vernehmen. Etwas Geheimnisvolles bereitete sich vor. Dann öffnete sich die Türe, eine brennende Kerze erschien und ein mehrstimmiger Schwesternchor trat singend ein: "Wir kommen all und gratulie-ie-ieren, unserer Melanie zum Geburtstag heut ..." Sie brachten ein Paket und wünschten viel, viel Glück. Sechzehn Jahre war sie jetzt alt.

Als wir wieder allein waren, gratulierte auch ich.

Dann fiel der Blick auf das Geschenk der Schwestern. Die waren aber nett! "Pack mal aus!", sagte sie.

Potz! Ein Muff, richtiger Pelz und selber genäht! Jetzt brauchten wir die Wollsocken für die Hände nicht mehr, wenn wir ausgingen. "Schön!", fand sie und freute sich.

Nach einer Weile fragte sie: "Wie war das bei dir?"

Bei mir? Was sollte da gewesen sein?

Sie wurde ein wenig ungeduldig: "Mit sechszehn!"

"Aha, mein Geburtstag damals? Moment, lass mich mal ... Der war nicht gut!" Nach einem fragenden Blick von ihr: "Ich war krank!"

Sie sah aus, als glaubte sie sich verulkt.

"Ehrlich, ich war krank! Da haben sie mich gerade an meinem Geburtstag in die Kur ans Meer geschickt. Musste die ganze Nacht alleine mit der Bahn fahren."

Der Zweifel in ihrem Blick verstärkte sich.

"In Hamburg bin ich ausgestiegen, um mir ein bisschen den Hafen anzuschauen."

"Schöne Krankheit!" So recht wollte sie das denn doch nicht glauben, aber fragte weiter: "Und mit siebzehn?"

"Mein siebzehnter Geburtstag? Der war noch schlimmer!" Auf ihr Warum? hin zierte ich mich ein wenig mit der Erklärung. Ich war verliebt gewesen.

"Und? War das nicht gut?" – Es war eine Katastrophe.

"Wegen?" – Das wusste ich doch auch nicht! Sie wollte einfach nichts wissen von mir.

"War sie schön?" – Klar! Was sonst?

"Und sie hatte dich nicht auch gern? Ein bisschen, vielleicht?" – Keine Spur!

"Warum denn nicht?" – Meine Güte! Warum konnten Frauen nur so penetrant fragen? Ich wusste es wirklich nicht! Ich war damals wohl noch ein richtiger Einfaltspinsel.

Das schien ihr einzuleuchten. Sie fragte jedenfalls nicht weiter.

Dann, nach einer Weile, tropfte eine große Träne herab und ganz leise sagte sie: "Ich möchte auch einmal siebzehn sein ..."

In der Klinik gab es einen Saal, in dem Konzerte und Vorträge stattfanden. Jede Woche bekam Melanie ihre Einladung und ein Platz wurde reserviert für sie in vorderster Reihe. Früher waren ihr solche Anlässe suspekt gewesen, zu altväterlich das Ganze oder einfach Bio, wie sie es nannte. Jetzt freute sie sich schon Tage im Voraus. Bei den Aufführungen saß sie im Rollstuhl etwas seitlich von der Bühne und ihre aufrechte und bewegungslose Gestalt war von überall her zu sehen.

Diesmal aber erwartete sie noch eine Geburtstagsüberraschung besonderer Art: Zwei Assistenzärztinnen gaben ein Konzert ganz allein für sie! Am Abend durfte sie den Platz neben dem Flügel einnehmen. Als wir ankamen, waren die Künstlerinnen noch am Üben, Querflöte und Piano. In Zivil sahen sie aus, wie auch Melanie sich gerne gekleidet hatte, locker und salopp. Das Konzert begann und ein aufmerksameres und dankbareres Publikum hätten sie sich gar nicht wünschen können. Nur das Klatschen am Schluss ging nicht. Das musste von mir besorgt werden.

Als wir hinaus kamen, um die wenigen Schritte zum Hauptgebäude zu tun, war schon stockfinstere Nacht. Sie wollte etwas sagen. Ich beugte mich vor und sah sie flüstern: "... spazieren ... ein bisschen ..."

Absonderlicher Gedanke! Es regnete doch und stürmte! Im Schein der Laterne war wieder zu sehen, wie sie die Lippen bewegte: "... bitte!"

Kurz entschlossen wurde sie in ihre Decken gewickelt, den Schal dreimal um den Hals, die Kapuze über die Ohren und wir liefen los in die Dunkelheit. Die Wege gingen unter dunklen Bäumen dahin und ab und zu gab eine Straßenlaterne spärliches Licht. Der Wind pfiff und das Tröpfeln des Regens steigerte sich zu einem Schauer. Es war ungemütlich; ihr aber mochten die ins Gesicht klatschenden Regentropfen als der Inbegriff des Lebens selber erscheinen.

Die Lichter der Klinik blinkten wieder durch die Bäume und spiegelten sich im nassen Asphalt, als wir zurückkamen. Unser Fenster war schon von weitem zu erkennen an einem kunstvoll gefalteten Papierstern – das Letzte, was Melanie noch mit eigenen Händen hatte anfertigen können, damals an ihrem Platz am Fenster hoch über den Bäumen, ohne jede Hoffnung, sie jemals wieder von ebener Erde aus zu sehen.

10. Dürfen wir das überhaupt?

Nach einem kurzen Aufenthalt zuhause konnte ich sie bei der Rückkehr mit der Neuigkeit überraschen, eine Rampe gebaut zu haben für unseren Bus, über die der Rollstuhl in das Wageninnere geschoben werden konnte, und eine Halterung, mit der er sich schnell und sicher feststellen ließ. Ob sie Lust hätte zu einer Spritztour?

Sie freute sich, aber meinte: "Dürfen wir das überhaupt?" Der Arzt müsse noch sein Einverständnis geben; er wusste von unseren Plänen, doch wollte die Sache zuerst begutachten.

Dazu hätte er gar keine Zeit heute, ließ sie sich beschwichtigen. Er würde auch nichts merken. Es hatte sich kein Parkplatz in der Nähe der Klinik finden lassen und der Bus stände ein paar Querstraßen weiter.

Als wir etwas später auf unserem Spaziergang zu dem Fahrzeug kamen, schien die Sonne so frühlingshaft warm, dass alle Gewissensbisse dahinschmolzen. Wir testeten, ob sich der Rollstuhl samt Melanie wirklich so einfach verladen ließ wie geplant und, da der Versuch zur Zufriedenheit ausfiel und sie im Handumdrehen sicher arretiert und mehrfach angegurtet in der Fahrzeugmitte saß, konnten wir der Verlockung zu einer Probefahrt nicht widerstehen.

Zu Beginn schien es geraten, das Fahrzeug nur vorsichtig in Bewegung zu setzen. Es war nicht sicher, ob sie den Kopf aufrecht halten konnte beim Bremsen oder ob die Erschütterungen beim Fahren nicht Kopfschmerzen auslösten. Doch nichts geschah und bald kamen wir auf stärker befahrene Straßen, auf denen die Geschwindigkeit dem Verkehrsfluss angepasst werden musste. Auf besorgte Fragen nach rückwärts, mit dem Rückspiegel im Auge, in dem sie im Blickfeld war, zwinkerte sie jedoch mit ihrem unverdeckten Auge beruhigend zurück: Alles klar, weiter so! Sie saß da wie eine kleine Prinzessin, die sich spazieren fahren ließ und war ganz den wechselnden Eindrücken hingegeben, die sich als flüchtige Gemütsbewegung auf ihrem Gesicht spiegelten.

Als auch weiterhin alles gut ging, fuhren wir bis in offenes Gelände. Auf einem schmalen Weg zwischen Feldern und Büschen stiegen wir aus, machten einen weiten Spaziergang und hielten Rast an einem Waldrand, der vor dem Wind schützte. Aus den Manteltaschen wurden die mitgenommenen Leckerbissen geholt und brüderlich geteilt. Als uns die Wintersonne, die schon etwas wärmte, ins Gesicht schien, wünschten wir, nie mehr zurückkehren zu müssen.

Am Abend, auf der gewohnten Wanderung durch die Gänge während der Pflege, kam mir der Arzt entgegen. "Tut mir leid", sagte er, kurz innehaltend, "heute war es knapp. Ich hoffe, es klappt morgen, Ihren fahrbaren Untersatz anzuschauen."

Wieder zurück in ihrem Zimmer, waren ihr die Augen zugefallen. So wach sie tagsüber war, so schnell kam am Abend der Punkt, an dem alle Reserven aufgebraucht waren und sie einschlief, manchmal von einer Sekunde auf die andere. Saß man noch eine Weile an ihrem Bett und schaute sie an, sah sie ganz glücklich aus im Schlaf.

Der Arzt gab nachträglich seinen Segen zu unserem Gefährt.

Wir entdeckten einen Erholungspark. Kleine Seen mit Buchten, in denen sich Wasservögel tummelten, Brücken und Stege, Spielplätze und lauschige Winkel, enge Wege und breite Promenaden. Von Zeit zu Zeit übte die Blasmusik, ein Bandwurm schmetternder Messingungetüme marschierte auf und ab, Kinder hinterher, Mütter mit Kinderwagen und engumschlungene Pärchen.

Jedes Mal hatte sie daran erinnert: Altes Brot mitnehmen für die Vögel! Nach einem Picknick in der Sonne zwischen den anderen Menschen, machten wir uns auf, den Enten ihren Teil zukommen zu lassen. Die Wasserhühner waren fast schneller zur Stelle und auch weiße Schwäne kamen angesegelt, aber sie alle hatten keine Chance. Das Revier beherrschten die Möwen.

Sie mussten einen eigenen Sinn gehabt haben für das Brot in anderer Leute Taschen, denn plötzlich waren sie da, im Sturzflug. Kein Bröckchen, das die Wasseroberfläche auch nur erreicht hätte! Wenn eine es verfehlte, drehte die nächste schon einen halben Looping, um es doch zu fassen zu kriegen. Hielt man das Brot hoch, kamen sie so nahe, dass sie es fast aus der Hand schnappten. Wir waren das Zentrum eines Wirbels sausender Flügel und schnappender Schnäbel. War das ein Kreischen und Luftrudern! Nach dem letzten Bröckchen saßen alle wieder auf ihrem Brückengeländer, ein wenig unförmig und träge, und warteten auf neue Ereignisse.

Wir machten uns auf zu einem kleinen Gang um

den See. Bei der Rast in einer stillen Ecke bei einem Gehölz hüpften zwei winzige Vögel in den Zweigen. Sie kamen näher. Melanie zwinkerte nachzuschauen, was noch in den Manteltaschen wäre. Es waren nur armselige Krümel, aber für die Winzlinge gerade recht. Vorsichtig kamen sie angeflattert, pickten sie schnell vom Boden auf, hüpften zurück und kamen gleich wieder. Melanie saß unbeweglich da und sie wurden immer zutraulicher. Es fehlte nicht viel und sie wären ihr auf den Schoß gehüpft.

Fast an jedem Tag musste nun auf der Station unser Essen in den Wärmeschrank zur Aufbewahrung gestellt werden; durch unsere ausgedehnten Ausflüge geriet der Essensrhythmus durcheinander. Auch der Pflegeplan konnte nicht richtig eingehalten werden. Mir selber schien das nur ein Kavaliersdelikt zu sein und meistens lief es ja auch glimpflich ab mit milden Ermahnungen der Schwestern, ob wir wohl das nächste Mal ...
Eines Tages sagte der Arzt: "Möchten Sie Melanie nicht mit nachhause nehmen?"
Im ersten Augenblick war das ein Schock. Hatten wir uns zu viele Freiheiten herausgenommen und den Bogen überspannt?
Als Melanie davon hörte, war ihre erste Reaktion ebenfalls: "Will er, dass wir gehen?"
"Nein, wohl nicht. Er hatte auch gar nicht verärgert ausgesehen dabei. Er meinte es nur als Anregung."
"Hhmm", machte sie, aber sonst weiter nichts.
Die Anregung verursachte uns Kopfzerbrechen. Die Klinik war zu einer schützenden Hülle geworden; ein Leben ohne sie war fast nicht mehr vorstellbar.

Konnten wir noch leben ohne die umfassende ärztliche und pflegerische Versorgung, die dann wegfiele?

Trotzdem wollte der Gedanke weitergedacht werden. Der Arzt hatte noch ergänzend gesagt, dass es vielleicht schön wäre daheim, im Kreis der Familie. Ein paar Tage nur. Wenn es nicht ginge, dürften wir zurückkommen. Die Idee erschien im Nachhinein gar nicht mehr so ungerade.

Seine Anregung hatte der Arzt gegeben, als wir uns spätabends begegnet waren auf dem Gang der Station bei einem seiner letzten Patientenbesuche. Auch sonst kamen wir manchmal ins Gespräch. Einmal unterhielten wir uns darüber, was Sterbende erleben mochten. Die Schmerzen konnten ihnen mit den Mitteln der modernen Medizin zu einem Teil erspart werden, aber war das Sterben nicht trotzdem ein langer und qualvoller Vorgang? Durfte man ihn willentlich abkürzen? Oder wog jeder Tag, der noch bewusst gelebt wurde, schwerer als ungezählte andere, verbracht in äußerer Gesundheit und Sorglosigkeit und längst vergessen. Waren die Eindrücke, wie wir die letzten Tage verbrachten, nicht die stärksten überhaupt, die wir haben konnten vom Leben – und die prägendsten für die Existenz danach? Was, wenn man sie einfach wegwarf?

Wie es auch sein mochte: Was uns betraf, so wollten wir nicht einen einzigen Moment des Lebens, das uns zugeteilt war, missen.

"Halten Sie dem Mädchen keine theoretischen Vorträge!", hatte der Arzt gesagt. Er schien meinen Hang dahin durchschaut zu haben. "Ach was!", erwiderte Melanie beim Frühstück, als sie hörte, ich dürfe eigentlich nicht. Sie wartete schon. "Erzähl einfach ohne Vorträge zu halten. Erzähl noch was von Steffi!"

Das war leicht gesagt, sie hatte sie doch viel besser gekannt! Fest stand nur, dass es sie noch gab, irgendwo, wo neue Aufgaben auf sie warteten.

"Aber sie hätte doch auch hier so viel tun können. Warum musste sie den Unfall haben", sagte sie.

Das ließ sich nicht beantworten aus unserer Sicht. Seltsam war nur, dass nicht noch viel mehr passierte, bei dem Gedrängel auf den Straßen, all die Autos dicht an dicht. Da hatten unsere Schutzengel alle Hände voll zu tun.

"Und Steffis Schutzengel? Warum hat er nicht besser aufgepasst auf sie?"

Ja, warum? Trotzdem würde sie willkommen sein in der anderen Welt.

"Wenn sie wenigstens zuerst hier hätte sein dürfen! Was wäre alles aus ihr geworden!"

Sie brauchten dort nicht nur die, die alt und weise geworden waren. Menschen, die mit den vollen Jugendkräften kamen, hatten vielleicht besondere Aufgaben. Steffi würde zupacken, wo sie auch war.

Melanie fand das trotzdem ungerecht: "So etwas ist doch eine Strafe!"

So eine liebe Seele wie Steffi und Strafe? Das war doch kaum denkbar!

Sie blickte vor sich hin: "Aber bei mir?", sagte sie leise, "bei mir ist es sicher eine Strafe. Vielleicht bin ich einmal ein ganz schlechter Mensch gewesen in einem anderen Leben."

Möglich. Aber andere hätten sicher noch viel eher Strafe verdient und lebten doch munter weiter. Musste Krankheit unbedingt eine Strafe sein?

"Aber was denn sonst?", begehrte sie zu wissen.

Vielleicht die Möglichkeit, ganz tiefe Erfahrungen

zu machen und etwas zu lernen, was man sonst nie gelernt hätte. Wer wusste, wofür das einmal gut war.

Sehr überzeugt war sie noch nicht davon.

Aber es gab auch andere Aspekte: Vielleicht half sie jemandem mit einem schweren Schicksal, seine Bürde zu tragen: Sie hatte ihm einen Teil seiner Last abgenommen! Eine Krankheit vielleicht, einen Tumor? In einem Entschluss, den wir gefasst hatten vor unserer Geburt.

"Meinst du?", fragte sie zögernd und sann dem nach. Ob es sich nun wirklich so verhielt oder nicht, konnten wir nicht wissen, aber ein schöner Gedanke war es allemal. Zuzutrauen war es ihr, sie hatte ein gutes Herz.

Womöglich wäre zu guter Letzt doch noch ein Vortrag daraus geworden, aber dazu kam es nicht. Zwei Schwestern standen plötzlich im Raum mit gerunzelter Stirn, der Pflegeplan war schon wieder aus den Fugen! Die Reste des 5-Stern-Hotel-Frühstücks mussten eingepackt und das Feld geräumt werden vor der höheren Gewalt.

Der Gedanke mit Melanie heimzukehren, ließ uns nicht mehr los. Aber wie weit hatte sie sich schon entfernt von der Normalität! Für mich war an ihrem Mienenspiel noch zu erkennen, was sie sagen wollte und ihre Laute formten sich zu Worten, doch andere Menschen saßen hilflos an ihrem Bett und konnten sie nicht mehr verstehen. Man würde Tag und Nacht bei ihr bleiben und ihre Bedürfnisse erkennen müssen, wollte man ihr gerecht werden.

Trotzdem nahmen wir Kontakt auf mit der Haus- und Krankenpflege unserer Region. Sie luden ein zu einem Gespräch.

Es verlief anfangs ziemlich verklemmt, weil unser Fall ungewöhnlich war: Der erste Kontakt erfolgte sonst über Sozialdienst und Krankenhaus direkt. Man war auch irritiert, dass keine Patientenakte vorlag. Vor allem interessierte der Austrittsbericht des Universitätskrankenhauses. Der aber enthielt, so wie er war, peinliche Stellen über einen verbohrten Vater, der keine Einsicht in die notwendigen Therapien aufgebracht hatte und die Behandlung behinderte. Entsprechende Fragen mussten, so gut es ging, mit diplomatischen Formulierungen beantwortet werden.

Doch wir kamen uns näher. Es ging, hieß es, in der Heimpflege sowieso anders zu als im Krankenhaus. Wir trafen uns zu einer Besichtigung vor Ort.

Der Raum, der für Melanie infrage kam, befand sich zu ebener Erde. Niemand störte sich an den alten Deckenbalken mit ihren Holzwurmlöchern, aus denen von Zeit zu Zeit feiner Staub herabrieselte. Dafür gab es Staubsauger. Die nicht immer warme Heizung: kein Problem mit einem zusätzlichen Elektroofen. Die fehlenden Sanitäreinrichtungen: Melanie hätte sie eh nicht benutzen können. Was die Hygiene betraf, hatte das alte Haus, war zu hören, jedem Krankenhaus gegenüber den Vorzug, dass keine resistent gewordenen Erreger zu befürchten waren. Das Haus hatte seine eigene Atmosphäre.

Die Pflegerin, die das Gespräch führte, sah keine Gründe gegen die Heimpflege und gab ihre Zusage zu je einem Einsatz morgens und abends. Das Weitere würde mir selber überlassen sein. Ein jüngerer Mann war noch zu uns gestoßen und hatte sich vorgestellt als Pfleger. Ich dachte mir nichts dabei.

Zurück in der Klinik, sagte der Arzt erst einmal "Jein". Er hätte gerne weitere Abklärungen gehabt. Es ging ihm wahrscheinlich gleich wie mir: ein bisschen zu schnell. Die Vorstellung war immer noch ziemlich gewöhnungsbedürftig, doch die Sache war ins Rollen gebracht.

Noch aber machten wir weite Ausflüge in die Umgebung und das Wetter zeigte sich von seiner besten Seite.

Unsere Fahrten brachten uns zu einer Burgruine, die an einem Ort, von wo aus der Blick weit über das Land ging, mit ihrer bizarren Silhouette in den Himmel ragte. Melanie zwinkerte mit den Augen und nickte mit dem Kopf. Das war ihre Art zu sagen, was sie wünschte. Wir luden ihr Gefährt aus und holperten vorwärts, doch der Weg war nicht besonders rollstuhlgängig. Sollten wir umkehren? Nein, sie wollte weiter! Rechts war ein Abgrund, links hohe Mauern und vor uns zerfallene Gemäuer und Torbögen. Nach einer Biegung war der Weg zu Ende. Es folgten Felsstufen. Kein Mensch weit und breit zu sehen in dieser Jahreszeit.

Eine Möglichkeit weiterzukommen gab es nicht, aber sollte die historische Stätte alleine erkundet werden von mir, mit einem gewissenhaftem Bericht darüber für sie? Zufrieden war sie es nicht, aber was blieb übrig? Der Rollstuhl wurde in den Schatten eines Baumes verschoben, dass die tief stehende Sonne sie nicht blendete.

Auf graswachsenen Pfaden geriet man in das Innere zu den Überresten von Türmen und Gebäuden. Stufen führten in die Höhe und ermöglichten den Blick auf die Trümmer einer versunkenen Welt von Rittern und Edelfräulein. Irgendwo dazwischen war der Zugang zur Außenmauer und es wurde ratsam aufzupassen in dem bröckeligen Gestein. Dann kam die Mauerkante und senkrecht hinunter ging der Blick. Weit unten saß die dunkle Gestalt im Rollstuhl, kurz vor einem Abgrund. Der Schatten des Baumes war weiter gewandert und die Sonne traf sie voll ins Gesicht. Auch wenn sie blinzelte und man gerufen und gewinkt hätte – sie hätte den Blick nicht mehr so weit heben können, um mich in der Höhe über ihr zu sehen. Mit vornüber geneigtem Kopf musste sie bewegungslos verharren.

Dabei war es kaum mehr als ein Jahr, dass wir in den Ferien in einer abgelegenen Gegend eine alte Kapelle entdeckt hatten, deren Zugänge im Gemäuer verbarrikadiert waren. Für Melanie war das kein Hindernis gewesen. Die Mauern war roh gefügt, so dass die Steine Griffe boten. Geschmeidig wie eine Katze war sie senkrecht hochgeklettert zu einer Fensterhöhle oben im Giebel. Die anderen schauten von unten zu. Angekommen in luftiger Höhe, legte sie sich auf dem Fenstersims auf den Bauch und erkundete das Innere. Dann drehte sie sich um, ließ die Beine baumeln und spukte hinunter ...

Auf dem Rückweg zum Parkplatz knickte ihr bei der elenden Holperei der Kopf um. Ich musste ihn stützen und konnte den Rollstuhl nur noch mit dem ganzen Körpergewicht vorwärts wuchten, bergauf. Als wir den Bus erreichten, war mir die Puste ausgegangen. Sie aber hätte gerne noch etwas unternommen für den Rest des Tages, sagte sie.

Am Abend waren wir wieder in der Abgeschiedenheit unseres Zimmers. Niemand kam mehr herein zu so später Stunde, dass wir bei unseren Gesprächen zusammenfuhren wie tagsüber manchmal, wenn die

Türe ging vom Reinigungspersonal oder von den Schwestern. Uns war dann zumute, wir wären im Besitz zerbrechlicher Kostbarkeiten, die schon durch neugierige Blicke zu Bruch gehen konnten.

Das Bett war in der tiefsten Stellung. Auf dem Boden kniend war mein Arm aufgestützt neben ihr. Nur eine Kerze brannte. Sie schaute mich an, vertrauensvoll wie ein Kind und zugleich mit einem Blick des Wissens. Vielleicht, dass alles einfacher war, wenn man dort schon einen lieben Menschen kannte, brach ich vorsichtig das Schweigen.

"Du hast jemanden", sagte sie.

Ja, jemand wartete auf mich. Auf uns. Einmal würde sie uns entgegenkommen mit einem Lächeln, das mehr sagte als tausend Worte. Sie würde es sein, die half den Weg zu finden, uns allen.

"Ich hatte so schöne Träume von Mueti", sagte Melanie. "aber wenn ich wach bin, sehe ich sie nicht mehr ..."

Das durften wir vielleicht auch nicht erwarten. Man stellte sich zu sehr vor, es müsse sein wie früher, wie ein Blick, der sich erhaschen ließe, hielte man nur angestrengt genug Ausschau; aber es war nicht so. Trotzdem war sie uns vielleicht näher, als wir ahnten.

Manchmal war es wirklich so gewesen, als wäre sie anwesend. Es war keine Sinneswahrnehmung und keine Vision, die sich vor einem inneren Auge ausbreitete – es war nur das Aufmerksamwerden auf eine Geste, die man selber machte, einen Gesichtsausdruck, den man annahm, und von dem man im gleichen Augenblick wusste, dass es typische Gesten waren einzig und allein nur von ihr selber, zu ihren Lebzeiten. Als ob sie sich mitteilen konnte durch unser eigenes Wesen, als ob sie da wäre im Lufthauch

um uns herum. Oder war es nur ein Nachklang der Erinnerung, wie sie gelebt hatte?
Melanie sagte nichts, aber nickte fast unmerklich. Es war ganz still im Raum.

Immer öfter fragte sie jetzt nach ihrer Mutter, während sie früher alles, was sie zu sehr erinnerte, zurückgewiesen hatte. Ihre Abwehr mochte, versteckt hinter Burschikosität, der Schmerz gewesen sein über den Verlust des Menschen, der ihr so viel bedeutet hatte; oder das unbewusste Vorwissen eines Schicksals, das sie selber erwartete. Oder war es meine Schuld gewesen, wie ich die Erinnerung wach halten wollte, während Melanie und ihre Geschwister ihr Leben wieder ganz auf die Zukunft ausrichteten?
Doch vielleicht war gerade damit etwas angelegt, von dem jetzt gesprochen werden konnte. Mit dem, was damals auf ihre Mutter und mich zukam, hatten wir fertig werden müssen ohne einen Rückhalt in einem traditionellen Glauben. Wir lebten in einer Welt, in der kein Platz war für Gedanken an ein höheres Sein. Wir hatten nur die Wahl gehabt zwischen dem schwarzen Nichts einer entgleisten Weltanschauung, und dem Versuch, leer gewordene Worthülsen wie "Gott" selber mit neuer Bedeutung zu füllen, so unvollkommen sie auch sein mochte.
Ganze Nächte hatten wir wach gelegen und unsere Gespräche hatten immer größere Kreise gezogen. Manchmal konnten wir Antworten, nach denen wir suchten, in den Augen des Anderen lesen und aussprechen, ohne dass wir wussten wie. In solchen Momenten war es, als ob wir es nicht mehr selber waren, die die Gedanken dachten, sondern als kämen sie uns zu von gütigen Wesen wie beglückende

Geschenke. Mehr als einmal war es Morgen geworden darüber und wir rätselten, wo die Zeit geblieben war.

Die Krankheit war zu einer Zeit des Findens geworden, trotz allen Verlustes. Etwas davon spiegelte sich jetzt in den Gesprächen mit Melanie. "Hatte sie wirklich das Licht gesehen?", fragte sie, als sie meinen Berichten nachsann.

"Ganz sicher!" Meine Überzeugung stand felsenfest, auch wenn dergleichen von der Außenwelt als Halluzination wegerklärt wurde.

Die Abklärungen, mit Melanie heimzukehren, liefen. Bald war es gewiss, dass der Schritt gewagt werden durfte.

Zuhause waren Freunde und Geschwister dabei, das Zimmer einzurichten und ein Elektrobett wurde angeliefert mit Verstellmöglichkeiten für jede Höhe und Lage. Aber würde Melanie die Klinik nicht vermissen und all die Menschen, mit denen sie zu tun gehabt hatte? Das Gefühl wäre gegenseitig, versicherten die Schwestern. Das Zimmer am Ende des Stationsganges und keine Melanie mehr – nicht möglich!

An einem der letzten Tage, beim Eintreten zu ihr ins Zimmer, war sie den Tränen nahe. Es zuckte um ihre Mundwinkel. Auf die Frage, was los war, gab sie nur zu verstehen, dass "nichts" war.

Als sie sich beruhigt hatte, kam heraus, dass die Schwester, die sich immer so rührend um uns bemühte, gesagt hatte: "Ach wie schön, dass du noch nachhause darfst!" Die Schwester hatte wohl nur etwas Liebes sagen wollen, aber dieses unscheinbare "noch" veränderte den Sinn des Satzes. Melanie hatte es aufgefasst wie: "Die haben mich doch abgeschrieben! Nochmal! Zum letzten Mal!"

Später trafen wir auf dem Gang zusammen.
"Schwester Lia – ", sagte ich höflich.
"Ja – ", sagte sie gedehnt.
"Wegen Melanie – "
"Aber wir wissen doch alle, wie es steht."
Trotzdem gab es vielleicht einen Hoffnungsschimmer. Wie schnell war er zerstört von einem zweideutigen Wort!
Sie war betroffen –, hätte ich doch lieber nichts gesagt.

Die letzten Abklärungen waren gemacht. Das Bild hatte sich für alle gerundet und der Arzt versprach, jederzeit Platz zu schaffen, sollte die Rückkehr notwendig werden. Jetzt brauchte nur noch tief Luft geholt und der Sprung ins kalte Wasser gewagt zu werden.
Doch in der Nacht war der Winter eingebrochen, der eigentlich fast schon vorbei gewesen wäre. Schnee musste geschaufelt und Eis von den Scheiben gekratzt werden, bis der Bus auf das Klinikgelände gefahren werden konnte. Der Hausmeister half beim Einrichten der Liegefläche, auf der das Lager für den Transport bereitet wurde.
Dann ging alles plötzlich sehr schnell. Wir nahmen Abschied von Ärzten und Schwestern und ließen liebe Grüße ausrichten an die, die gerade keinen Dienst hatten. Alles, was das Persönliche unseres Zimmers ausgemacht hatte, verschwand in Plastiktüten. Der Ort, der monatelang Heimat gewesen war, blieb zurück.
Die Autobahn war vom Schnee geräumt, der Verkehr bewegte sich ungehindert dicht an dicht. Kolonnen von Sattelschleppern fuhren auf der

Kriechspur, wenn es bergauf, und auf der Überholspur, wenn es bergab ging. Unsere defensive Fahrweise war ihnen zu trödelig. Melanie äugte interessiert aus dem Fenster.

Daheim war alles weiße Pracht und Sonne, die Zufahrt zum Haus ebenfalls geräumt. Geschwister und Freunde warteten; über eine Rampe rollten wir sie aus dem Fahrzeug direkt in die Küche und durch die große Stube in ihr neues Zimmer, zu ihrem neuen Bett – wir waren zuhause!

Die Heimpflege hatte gebeten, benachrichtigt zu werden nach unserer Ankunft. Am Telefon war der Pfleger und sagte: "Ich komme." Mir dämmerte etwas: Wollte er etwa Melanie pflegen? "Wieso nicht?", sagte er, "ich habe heute Dienst." Ich hatte selbstverständlich geglaubt, Melanie würde von den Frauen des Teams gepflegt, ohne auf den Gedanken zu kommen nachzufragen.

In ihrem Zimmer saß man im Halbkreis um ihr Bett und unterhielt sich. Mir ging es im Kopf herum! Sie in ihrer ganzen Hilflosigkeit sollte von einem Mann gepflegt werden? Ganzkörper-Waschungen und Einreibungen zur Vorbeugung des Wundliegens, Einläufe, Intimpflege?

Am Morgen noch war ihre Reaktion mitzuerleben gewesen, als die Abschlussuntersuchung in der Klinik einen kleinen Infekt im Intimbereich erbrachte, der vom Arzt hatte untersucht werden müssen. Innerlich war sie davor zurückgezuckt.

Der Pfleger und seine Kollegin, mit der das erste Gespräch gewesen war, kamen an. Die allgemeine Unterhaltung hörte auf. Es war an mir, etwas zu sagen: Jaa –, also –, gab es nicht mit sechzehn Jahren ein gewisses Schamgefühl, auf das man Rücksicht nehmen könnte?

"Das ist bei uns nicht möglich. Wir haben geregelte Arbeitszeiten und wer Dienst hat, kommt!" Der Pfleger verwies auf die Zeit der Gleichberechtigung, in dem sich auch Frauen daran gewöhnen mussten, von Männern gepflegt zu werden. "Wir versorgen eine ganze Region und haben immer die gleiche Diskussion. Aber bis jetzt hat sich noch alles gegeben!"

Was er nicht sagte, war, dass es dabei meistens um die Altenpflege ging und nicht um junge Menschen. Ich war ratlos, aber bereit alles abzubrechen, wenn es Melanie zuwider war. Doch was dann?

Sie machte dem Wortwechsel ein plötzliches Ende. "Ich will nicht mehr zurück", sagte sie so deutlich, dass alle es verstanden. Beim Nachfragen, ob ihr bewusst war, was das bedeutete, die Pflege und alles, sagte sie noch einmal: "Ich will nicht zurück!"

Der Pfleger erhob sich. "Na also! Fangen wir an."

Er begann die Tasche mit seinem Material auszupacken. Wir anderen entfernten uns langsam aus dem Zimmer, mit mir als Letztem. "Sie dürfen ruhig dableiben!", rief die Pflegerin hinterher. Ich blieb nicht.

Später nach ihrem Weggang, waren wir beide alleine im Zimmer. Melanie sah aus, als wolle sie etwas Tröstliches sagen. "Macht doch nichts!", sagte sie auch. "Pfleger sind nur Pfleger, macht wirklich nichts!" Dann, bei einem fragenden Blick von mir, fügte sie hinzu: "Es ist doch so schön, zuhause ..."

Es machte tatsächlich nichts. Die Heimpflege kam zuverlässig ins Haus an jedem Tag und half, das Beste aus unserem Leben zu machen.

11. Ich würde sooo gerne tauschen

Wir waren wieder eine Familie. Die älteren Geschwister kehrten zurück und die Kleinen würden bald folgen. Am Morgen, wenn Melanie noch schlief, trafen wir uns an ihrem Bett und sprachen ein Gebet. Dann machte sich jeder auf den Weg zur Schule und es wurde still im Haus. Langsam, zugleich mit dem Heraufziehen des Tages, ging ihr Erwachen vor sich. Ihr Bett stand am Fenster und sie brauchte nur die Augen zu öffnen und sah die Sonne aufgehen.

Wir frühstückten ausgiebig, aber unsere Pläne, wieder lange Ausflüge in die Umgebung – unsere Umgebung – zu machen, mussten buchstäblich auf Eis gelegt werden. Verschneite Wege waren nicht rollstuhlgängig. Es war tiefer Winter. Eiszapfen hingen von der Dachrinne und die Sonne warf ein blendendes Licht über die weiße Landschaft. Beim Blick aus dem Fenster sah man auf den entfernten Hügeln manchmal Kinder mit ihren Schlitten.

Zwei Katzen hatten sich schon am ersten Tag ins Haus schleichen wollen. Sie schienen tatsächlich nichts anderes getan zu haben als zu warten. Die eine, Züssi, war dick und plusterig und schleckte mit Hingabe ihr seidiges Fell. Sie durfte rein und entdeckte auf Anhieb ihren Lieblingsplatz: Melanies Bett. Sie rollte sich zusammen, schnurrte und hatte nichts dagegen, als Polster für die leblosen Hände zu dienen. Ihr Gefährte dagegen, Carlos, wurde mit Hausverbot belegt. Er entsprach nicht den Vorstellungen von moderner Hygiene, struppig wie er war. Er trollte sich um die Hausecke, sprang auf die Fensterbank und begnügte sich mit den Sonnenstrahlen.

Hatte Melanie genug zum Fenster hinausgeschaut, wollte sie lesen und schickte mich auf die Suche nach Büchern. Sie las, indem sie flach auf dem Rücken lag und die durchsichtige Platte eines Leseständers über sich hatte, auf der sich das Buch befand mit der Schrift nach unten. Mit einem Kopfnicken deutete sie an, dass umgeblättert werden sollte. Gab es zu tun in der Küche, bat sie um den kleinen Liebesdienst, indem sie rief.

Kehrten ihre Schwestern heim von der Schule, spielte sich alles Leben rings um ihr Bett ab. Die zum Teil recht verwickelten Ereignisse im Leben junger Damen wurden für sie unter die Lupe genommen und erläutert. Das gab manchmal eine Menge zu lachen. Wir jonglierten mit Tellern und Tassen, aßen aus der Hand, legten die Beine hoch und immer saß jemand neben ihr, ihr die besten Bissen anzubieten. Erst wenn die Pflege kam, wurde weggeräumt.

Beim Frühstück hatten wir alle Zeit, die wir nur wünschten und mussten uns nicht beeilen. Es war nicht das Essen, das uns so lange in Anspruch nahm, sondern die Gedanken, die wir spannen. Sie wollte zum Beispiel wissen, was wir so gemacht hatten, ihre Mutter und ich, im Frühling unseres Lebens.

Einfach das, was man eben so machte, wenn man jung war. Eigentlich nichts Besonderes.

"So?", sagte sie, "nichts Besonderes? Und wie habt ihr euch kennen gelernt?!"

Das war etwas anderes, zugegeben, aber die Geschichte kannte sie doch längst.

"Erzähl trotzdem!"

Was war da zu erzählen? Man hatte etwas von der Erde sehen wollen, die weiten Horizonte, von denen man träumte. Hatte man sie gefunden, Freiheit so weit der Blick reichte, fragte man sich, was man eigentlich da suchte. Man war einem Regenbogen hinterher gerannt bis ans Ende der Welt, aber da war auch nichts besonderes los, wie sich herausstellte.

"Aber du hast sie doch da gefunden?"

Ja, das war das Seltsame. Sie sah mich und schaute mir entgegen. Ich wusste es nur noch nicht.

"Und sie hat auf dich gewartet?"

Musste wohl. Es sei ihr von Anfang an seltsam vorgekommen, wie da jemand auftauchte und geradewegs auf sie zukam. Dabei war sie gar nicht zu sehen gewesen. Dass wir uns begrüßten, war erst später.

"Hatte sie wirklich gewartet auf dich?"

Sie sagte es. Aber erst zwanzig Jahre hinterher, damit ich mir nichts darauf einbildete. Sie hätte es einfach im Gefühl gehabt.

"Hhmm", machte sie. "Ganz schön romantisch."

Am Tag, als die Kleinen zurückgebracht wurden, fegten sie herein und hatten hundert Dinge zu erzählen, bevor sie noch richtig Guten Tag gesagt hatten. Ohne viel Federlesens stürzten sie an Melanies Bett, lachten und trompeteten ihr die Ohren voll. Sie sahen, dass sie immer noch krank war und damit hatte sich's. "Na ihr Racker, was habt ihr eigentlich alles angestellt in der Zwischenzeit?" Aber die Frage ging unter; nach der langen Autofahrt waren sie aufgekratzt und nicht zu bremsen. Sie rannten los, aus Schächtelchen ihre Kostbarkeiten auszupacken, die sie für die Rückreise gehortet hatten.

Das Haus war wieder voll und auch sonst war kein Mangel an Besuch. Bekannte, Verwandte und Schulkameraden hatten Melanie monatelang nicht gesehen. Man wusste, dass es nicht gut ging, aber es gab manchen, den das, was er dann vorfand, unvorbereitet traf. Eine rührende Hilflosigkeit umgab sie und gleichzeitig war ein Blick des Wissens in ihren Augen. Wer seine Alltagsstimmung mitbrachte, merkte bald, dass sie fehl am Platz war. Die Beklommenheit mochte dann durch sprudelnde Beredsamkeit übertönt werden, aber irgendwann wurde der Redefluss langsamer und stockte.

Manchmal war sie niedergeschlagen nach den Besuchen. Ob man sie absagen sollte? Nein, nein, sagte sie, sie freue sich ja! Und vielleicht gab es wirklich etwas, mochte es auch erst beim Abschied sein, ein Wort oder eine Geste, manchmal ganz unbeholfen, mit der man sich über den Abgrund hinweg verstanden hatte.

Ihr fiel ein, dass es Lichtbilder geben müsse von früher. Wir hatten ein paar Filme verschossen damals. Sie mochte fast nicht warten, bis ein Projektor aufgetrieben war.

Ein Bettlaken wurde an die Wand gepinnt, alle machten es sich gemütlich und das Abendessen bestand aus belegten Broten, die man sich im Dunkeln vom Teller fischte. In der Mitte des Zimmers stand Melanies Bett mit aufgerichtetem Rückenteil. Knisternde Erwartung wie bei einer Galavorstellung, Hauptdarsteller Melanie, dreijährig. Dann viele Oh's und Ah's und "Ja genau! Weißt du noch?" Der Projektor zauberte eine Welt voll Sonne auf die Wand.

Zwischendurch bohrten aufgeregt die Kleinen mit

ihren Fragen: "Und wo bin ich?" Irgendwo mussten sie ja gewesen sein. Für's Erste ließen sie sich vertrösten mit dem Spruch: "Ihr habt damals nur zugekuckt." Richtig überzeugt aber waren sie davon nicht und fanden, zuschauen wäre nicht so schön wie dabei zu sein, vor allem, weil nicht deutlich wurde, von wo aus sie zugeschaut hatten. Aber mit der Erklärung: "Jedenfalls muss euch das damals gefallen haben, denn hinterher seid ihr ja ganz schnell auch gekommen", gaben sie sich dann zufrieden.

Der Abend war ein voller Erfolg. Sogar die Pflegerin setzte sich, als sie kam, noch eine Weile dazu, um das Stück Familienchronik anzuschauen.

Nach der Pflege trafen wir wieder zusammen für den Abendabschluss. Es wurde vorgelesen. Dann trat jeder an ihr Bett und gab ihr einen Gute Nacht-Kuss. Nur der Junior war, obwohl sich das Bett in der tiefsten Stellung befand, zu klein dafür. Aber flink kletterte er am Bettgestänge hoch, krabbelte über die Decken zu ihr hin und sie kriegte ihren Kuss doch.

Durch das Haus tönten Akkorde. Die Töchter hatten eine Gitarre und eine Grifftabelle. Sie übten. Aber die Fingerkuppen fingen an zu schmerzen und bald war ihr Wehklagen zu hören. Sie gaben auf und setzten sich zu Melanie ans Bett, deren Augen begehrlich zu der Gitarre hinübergingen. Sie hatte früher auch ihre Versuche gemacht, nicht ungeschickt, und hätte es bei weiterer Übung vielleicht zu etwas bringen können in der Kunst.

Die Töchter kamen, ob nicht ich zeigen könne, wie man ... es gäbe doch da ein Foto von mir, von früher, meinten sie. Meine Ausrede, unbegabt zu sein und nach so langer Zeit alles vergessen zu haben, verfing nicht; sie ließen nicht locker. Auch Melanie blies in das gleiche Horn und so blieb fast nichts anderes übrig. Mit einem Lied aus alten Zeiten und ein paar Griffen aus den Tiefen des Gedächtnisses mochte es ja zur Not vielleicht gehen. Alle setzten sich erwartungsvoll in einen Halbkreis. Sogar die Kleinen kamen angelaufen, neugierig was passieren würde.

Hinterher gab es Beifall, aber mit Berechnung: Sie wollten mehr. Doch erleichtert über den Erfolg meiner Bemühung, wollte ich das Erreichte nicht aufs Spiel setzen durch die Peinlichkeit missratener weiterer Versuche und war zu nichts mehr zu bewegen.

Ich hatte Melanie manchmal zu trösten versucht und gesagt: "Ich würde gerne tauschen mit dir, wenn ich könnte." Wenn man die Freuden des Daseins schon gekostet hatte, hing man vielleicht nicht mehr ganz so glühend daran und konnte sich einbilden, es ehrlich damit zu meinen. Aber natürlich, das war reine Theorie.

In der Wohnstube war eine schwere Hobelbank abgestellt. Im Winter hatte sich kein besserer Platz finden lassen und es war ja auch niemand im Hause gewesen. Aber jetzt war sie im Weg und musste hinaus.

Trotz allem Rücken und Schieben wollte sie aber nicht. Ich zog aus Leibeskräften vorne und die Kinder schoben von hinten. Nichts. Sie musste irgendwo verhakt sein. Neues Kommando: "Los jetzt! Noch einmal!" Alle legten sich ins Zeug. Mit plötzlichem Ruck setzte sich das Möbel in Bewegung – und landete auf meiner großen Zehe, mit nichts als nur einer dünnen Sandale dazwischen. Der Zehennagel riss halb ab, Blut tropfte und auf einem Bein tanzend mit einem

Gesicht wie mit einer heißen Kartoffel im Mund sah mich Melanie durch die offene Türe. Sie lachte aus vollem Hals.

"Oha, du schwarze Seele, du lachst noch?" Sie sah mich die Zähne zusammenbeißen und den Fuß hochziehen. Sie lachte weiter, dass es sie schüttelte, so gut eben Schütteln ging bei einer fast vollständigen Lähmung. Sie lachte, dass ihr fast die Tränen kamen: "Ich würde ja sooo gerne tauschen mit dir – wenn ich könnte."

Es gab Tage, an denen sie nicht recht aufgelegt war zu Gesprächen. Vielleicht war es auch meine Schuld, die Dinge gerieten mir manchmal etwas zu theoretisch. Wenn schon keine äußere Hoffnung zu bringen war, so sollte es wenigstens innere sein. Nur, sie reagierte auf Heilsbotschaften eher allergisch. Manchmal war mir das entfallen, wenn tiefgründige Weisheiten in mein Blickfeld gerieten, die passend zu ihrem Seelenzustand zu sein schienen.

Es war Sonntag und in der Küche wurde mit dem Geschirr geklappert. Ich saß bei ihr und las vor, musste aber bemerken, dass all die schönen Gedanken sie nicht erreichten. In ihren Augen löschte etwas ab. Die Aktion musste abgebrochen werden. Vielleicht, dass sich bei anderen Gelegenheiten damit fortfahren ließ.

Aber dazu kam es nicht. Bei meinem Wiedereintreten nach kurzer Abwesenheit las sie selber und war so vertieft, dass sie keinen Blick hatte für mich. Ihre ältere Schwester saß neben ihr und besorgte das Umblättern. Schon von der Türe aus hatte es einen recht bunten Eindruck gemacht. Im Näherkommen wurde es deutlicher: "peng! ... whoshh! ... wumm! ..." Es musste sich um sehr spezielle Weisheiten handeln.

Dass im Haushalt Comics vorrätig waren, entzog sich meiner Kenntnis, aber weitere Auskünfte dazu waren nicht zu erhalten. Melanies Schwester saß mit frommen Augenaufschlag dabei. Sie war zutiefst beschäftigt mit ihren Schulaufgaben und Melanie mit ihrer Lektüre. Erst beim Hinausgehen war es, als träfen mich schadenfrohe Blicke aus Augenwinkeln. Es war eine Lektion gewesen. Die Lektion: Rede mit mir in meiner eigenen Sprache!

Danach fiel mir auch ein, was ihre Mutter erzählt hatte als eine ihrer Kindheitserinnerungen. Sie war in eine Missionsveranstaltung gelockt worden und hatte mit staunenden Augen das inbrünstige Treiben vorne auf der Bühne verfolgt, wohl verborgen auf den hinteren Plätzen, wie sie wähnte. Bis dann plötzlich alle Kinder nach vorne kommen mussten, um "dem Herrn Jesus ihr Herz zu schenken". Mit Hallelujah und vor allen Leuten! Von dem Tag an war sie keinerlei Bekehrungsversuchen mehr zugänglich gewesen. Sie ging den Weg, den sie gehen wollte aus eigener Einsicht – oder gar nicht.

Als das Wetter besser wurde, führte uns die erste Ausfahrt zu einer Untersuchung. Im hinteren Teil des Fahrzeugs war ein Bett eingerichtet mit Decken und Wärmflaschen, weil immer noch ein scharfer Wind ging.

Sie bestand darauf, im Rollstuhl zu fahren und wollte nichts hören von Bett. Doch nach zwei Wochen Liegen schien sie aus der Übung zu sein und konnte den Kopf nicht richtig gerade halten. Aber ein Rückzieher kam nicht in Frage! Also wurde sie über die Rampe in den Wagen geschoben und Rollstuhl und Gurte arretiert.

In den ersten Kurven schon fing etwas an zu verrutschen. Ihr Gesichtsausdruck wurde zunehmend unwohler. Eine neuerliche Frage, ob wir es aufgeben sollten, wehrte sie ab: Nein! Kaum rollten wir im Verkehrsfluss der Hauptstraße, als sie kollabierte. Bei einem Blick in den Rückspiegel hing der Körper schräg in den Gurten und ihr Kopf war seitlich verrenkt. Welche Gefühle sie dabei hatte, war nicht ersichtlich, aber bei mir war es wie ein Sitzen auf glühenden Kohlen.

Als auf der stark befahrenen Straße sich endlich eine Haltemöglichkeit ergab in einer Parkbucht, konnte es nicht schnell genug gehen, aus dem Wagen zu springen und die Seitentüre aufzumachen. Sie stöhnte. Die Gurte mussten geöffnet werden, um den Körper aus seiner verkrümmten Lage zu befreien; doch kaum geschehen, entglitt sie. Wir fanden uns am Fahrzeugboden wieder. Nirgendwo an den erschlafften Gliedern war Halt zu finden und Hände wurden vorrangig gebraucht, um den Kopf zu stützen.

Der Rollstuhl wurde durch die offene Tür hinausbefördert, um Platz zu schaffen; aber wie war sie empor auf die Liegefläche zu bringen, ohne ihr weh zu tun? 40 kg waren unglaublich schwer, wenn man nirgends richtig anpacken konnte! Ich legte mich mit dem Rücken auf den Boden und schob mich unter sie, ihren Kopf auf meiner Achsel. Fasste sie unter den Armen, fand einen Widerstand, die Füße dagegen zu stemmen und eine Kante unter den Schultern, um mich daran in die Höhe zu arbeiten. Mit dem Rücken auf der Liegefläche angekommen, konnte sie dann durch eine Körperdrehung seitlich abgekippt werden. Wenige Schritte entfernt dröhnten Lastwagen vorbei.

Tief atemholend nach der Anstrengung setzte ich mich auf. "So, Frollein, wer hat jetzt Recht behalten?" Sie schaute ein wenig schuldbewusste drein, aber als sie vollends herumgerollt war und auf der Liegefläche lag, warm zugedeckt, hatte sie einen so spitzbübischen Gesichtsausdruck, dass man nicht weiter ärgerlich sein konnte. Herumliegendes Material wurde eingesammelt und die Fahrt ging weiter.

Vor der Arztpraxis half die Sprechstundenhilfe, Melanie aus dem Auto zu heben. Passanten gingen vorbei. Eine junge Frau blieb stehen und schaute interessiert zu. Melanie saß im Rollstuhl und ihr Kopf fiel nach vorne. Alle Hände wurden gebraucht zum Stützen und Halten. Die junge Frau bot ihre Hilfe an, doch da waren wir schon bereit zum Gehen. Wie um zu trösten, sagte sie: "Das sind immer besonders liebe Kinder." Vielleicht hielt sie Melanie für ein Kind mit Down-Syndrom; die großen, schielenden Augen in dem runden Cortison-Gesicht konnten solche Vermutung durchaus nahelegen.

Wir hatten keine Zeit, sie über ihren Irrtum aufzuklären und verschwanden ins Innere der Praxis. Erst als Melanie im Untersuchungszimmer auf die Liege gebettet war und wir noch einen Augenblick warten mussten, kamen wir darauf zurück: "Hast du das gehört? Schon wieder jemand, der dich verwechselt hat!" Sie lächelte. Solche Kleinigkeiten konnten ihr nichts mehr anhaben. Die Untersuchung dann förderte nichts Neues zu Tage

Hinterher waren verschiedene Dinge zu erledigen. Wir fuhren durch die Stadt und ihr war es recht. Sie fand es gemütlich von ihrem Bett aus. Bekannte, die wir trafen, fragten: "Wie geht es Melanie?" Es ginge; was auch sonst.

Der Arzt hatte verordnet, ihre leblosen Glieder zu aktivieren. Das Massieren und Durchbewegen bis in die Finger und Zehen wurde an jedem Tag von der Hauspflege besorgt, das Anregen des Tastvermögens von mir.

Ein Sammelsurium von Nüssen und Fingerhüten, Streichholzschachteln, Radiergummi, Tannnenzapfen, Wäscheklammern, Schrauben und Schneckenhäusern wurde zusammengetragen. Wir spielten: Was ist das? Die Dinge wurden ihr in die Hand gelegt und die Finger darum geschlossen. Manchmal war es ganz unterhaltsam. Wenn sie es nicht erriet, zog sie die Stirn in Falten oder versuchte nach unten zu schielen, was es wohl sein könnte. Manchmal aber knirschte sie mit den Zähnen, wenn ihre Finger wieder und wieder über die Oberfläche des Gegenstandes glitt und sie konnte es doch nicht herausfinden. Dann wurde es Zeit, sich etwas anderes auszudenken.

Bei dem Arztbesuch war auf die Gefahr hingewiesen worden, dass die flache Atmung nicht mehr ausreichen würde zu husten, sollte sie sich verschlucken. Aus medizinischer Sicht war Sondenernährung angezeigt. Aber man brauchte gar nicht erst zu fragen, dafür war sie nicht zu haben. Bis sie einmal beim Frühstück einen Jammerton von sich gab und den Mund weit aufmachte. Sie hatte nicht mehr schlucken können und ein Bissen Brot war im Hals stecken geblieben. Er konnte zwar mit einem Löffelstiel wieder hervorgeholt werden, aber auch jetzt war sie nicht bereit, Sondenernährung überhaupt nur in Betracht zu ziehen. Sie vertraute darauf, dass es ein Einzelfall blieb. Doch es wurde ratsam, stets Löffelstiele in Griffnähe zu haben.

Unterdessen hatte das Wetter sich stetig gebessert und es war schnell frühlingshaft geworden. Die Bäume wollten ihre Knospen aufbrechen lassen und in den Nächten blieben die Fenster weit geöffnet, um den Duft des Frühlings hereinzulassen. Eines Nachts kam aus Melanies Richtung ein seltsamer Ton wie ein Hilferuf, in dem Empörung mitschwang. Beim Schauen nach dem Rechten war was? Carlos, der Kater! Er hatte sich endlich am Ziel seiner Wünsche gesehen, war durch das offene Fenster aufs Bett gesprungen und lag, zerzaust und ungepflegt aber wohlig schnurrend, quer über Melanies Kopf. Lange konnte er sich seiner bequemen Lage nicht erfreuen und mit schnellem Griff in den Nacken ging es nach draußen. Vor die Fenster wurden Gitter gehängt.

Das nächtliche Ereignis war keine große Störung gewesen. Melanie hatte es eher als lustig empfunden und man musste sowieso jede Stunde aufstehen zum Umlagern. Sie wollte auf die andere Seite gedreht werden und mit den verschiedenen Keilkissen war ihr Körper zu unterlegen. Zwischen den Knien befand sich eines, im Rücken und an den Schultern. Für den Kopf gab es ein besonderes Kissen aus Hirsespreu, das sich der Kopfform anpasste. Danach zwinkerte sie mit den Augen. Das war das Zeichen, dass sie zufrieden war und die Nachtruhe weitergehen konnte.

Der Zwischenfall bei der ersten Ausfahrt hatte Zweifel hinterlassen, ob wir je wieder mit ihr ins Freie gehen konnten. Der Rollstuhl in Normalausführung war nicht mehr geeignet. Doch eines Abends verkündete die Pflegerin beim Eintreten schon von der Türe aus:

Melanie bekäme einen neuen Rollstuhl mit Körperschale und Kopfstütze! Sie hatte ausfindig gemacht, wo ein solches Spezialgefährt leihweise zu haben war. Demnächst schon sollte es angeliefert werden. Wir entließen sie nach der Pflege mit vielem zusätzlichen Dankeschön.

Als das Gefährt kam, erfüllte es alle Erwartungen. Durch einen Kippmechanismus war jede Lage einstellbar zwischen Sitzen und Liegen und der Kopf war durch die Stütze auf drei Seiten mit einer Polsterung geschützt. Wurde sie warm zugedeckt, war sie auch für raues Wetter gerüstet. Es regnete gerade und sie wäre nicht Melanie gewesen, wenn sie nicht auf der Stelle nach draußen verlangt hätte. Sie wurde in ihren Skianzug gesteckt, die Füße in übergroße Stiefel und darüber den Regenschutz. Wer nass wurde dabei, waren wir anderen.

Der nächste Arztbesuch war kein Problem mehr. Den Rollstuhl ein- und ausladen war eine Sache von Augenblicken und sie lag in ihm dreifach sicher angegurtet an Hüften, Schultern und Kopf. Bei der Untersuchung wurden Reflexe, Tastempfindung und Bewegungsvermögen getestet. Ring- und kleinen Finger der linken Hand konnte sie noch krümmen. Wir gingen die Liste der Medikamente und Pflegemaßnahmen durch, aber es gab nichts, das nicht schon längstens getan war. Im Nebenraum wartete Melanie dann auf das Ende der Konsultation. Der Arzt sprach, als wir alleine waren, von Progredienz.

Draußen auf dem Parkplatz wollte es der Zufall, dass sich ein Teil ihrer Klassenkameraden auf dem Weg zur Bahnstation befand. Ich war dabei, Melanies Gefährt in den Bus zu verladen. Einen Moment blieben sie unschlüssig stehen auf der anderen

Straßenseite, dann kamen sie zögernd herüber.

Die Begegnung ließ sie, die Augenblicke vorher noch lachend die Straße herabgekommen waren, verstummen. Melanie wusste, dass sie sich nicht mehr verständlich machen konnte. Sie schaute sie nur an. Einige versuchten, ihr das Neueste aus der Schule zu erzählen, hörten aber bald auf. Es war still. Dann versuchte jeder, ihr seine Verbundenheit zu zeigen durch ein Drücken der Hand, durch geflüsterte Worte ... Dann gingen sie schweigend weiter.

An frühlingshaften Tagen blieb das Fenster weit offen und das Bett stand im Zimmer in der höchsten Stellung direkt vor der Öffnung. So lag sie, warm zugedeckt, wie im Freien. Auf der anderen Seite stand – ich humpelte immer noch – die Werkbank auf der von dem weitausladenden Dach geschützten Terrasse.

Der neue Rollstuhl war zerlegt, um ihn durch verschiedene Anpassungen noch genauer für ihre Körpergröße einzurichten. Die Teile lagen auf der Werkbank, es mussten einige Löcher gebohrt werden. Unmittelbar meinem Arbeitsplatz gegenüber liegend, schaute sie still zu.

Ich blickte auf von meiner Arbeit. Sie bewegte die Lippen. Es war mehr zu sehen als zu hören, wie sie sagte: "Du tust das alles für mich."

Das würde doch gerne geschehen, auf jeden Fall!

"Warum?", fragte sie.

Weil sie eben sie war! Wenn überhaupt jemand etwas miteinander zu tun hatte, dann doch wir beide! Das hatte alles seinen Sinn. Irgendwann würden wir das wahre Warum schon erkennen.

"Du bist lieb", flüsterte sie.

"Ach was! Wegen dem bisschen Helfen?"

Vielleicht war es ja sie, die uns half. Vielleicht waren es die Kranken, die den Gesunden durch ihre Hilfsbedürftigkeit halfen, einen Sinn zu finden in einem sonst nur allzu leicht ziellos abschnurrenden Leben.

Sie schaute mich aufmerksam an und schwieg. Jedenfalls aber war klar, was es hier zu tun gab: Den Rollstuhl umzubauen zu einem wahren Traumgefährt für sie!

Als er fertig war und das Werkzeug weggeräumt, sagte sie wieder etwas. Mein Ohr an ihrem Mund, fragte sie langsam: "Sterbe ich an – Ersticken?"

Die Antwort überforderte mich: "Melanie – bitte – wir geben nicht auf! Oder ...?"

Sie machte ein Zeichen mit der Augenbraue, das auf verschiedene Art gedeutet werden konnte. Aber die Ruhe und Gelassenheit in ihren Augen – so sah man nur aus, wenn man nicht aufgab! Sie hatte ihr inneres Gleichgewicht gefunden. Vielleicht wertete sie meine besorgten Blicke als Ausdruck der Beängstigung, denn sie lächelte mir begütigend zu.

Sie lag und um uns war Stille. Sie hatte gelesen, mit meiner Hilfe beim Umblättern. Dann hatte sie nicht mehr gemocht und lange Zeit nur zum Fenster hinausgeschaut.

Sie sagte etwas. Ich begriff nicht und bat sie zu wiederholen. Auch dann war es nicht zu verstehen, oder aber, es musste ganz und gar ein Missverständnis vorliegen. Noch einmal sollte sie es sagen, ganz langsam.

Nein!! War es doch kein Missverständnis? Deutlich sagte sie: "Ich gebe auf!"

Das konnte doch nicht wahr sein! "Hast du

wirklich gesagt, du gibst auf?"

Sie nickte ernsthaft.

Ich schluckte. "Melanie! Wir haben doch ... du kannst doch nicht ..."

"Doch!", machte sie.

"Nein!", sagte ich eindringlich.

"Doch!", sagte sie wieder, aber es war ein plötzliches Zucken um ihre Mundwinkel wie bei jemandem, der nur mit Mühe ernst bleiben konnte. Und wirklich, nur einen Augenblick später ging ein Lächeln über ihr Gesicht.

Noch ganz entgeistert entfuhr es mir im Aufatmen: "Was ist los?"

Sie winkte mit den Augen zum Fenster hinaus. Draußen war dichtes Schneetreiben. Dabei war es gestern noch fast sommerlich warm gewesen.

Was wollte sie damit sagen? Sie winkte noch einmal, aber die Sache blieb rätselhaft.

Endlich machte sie: "April, April!"

Donnerwetter! Angeführt! Ich hatte den Kalender vergessen! Wir hatten tatsächlich den 1. April.

12. So wichtig ist es auch wieder nicht

Sie gab nicht auf, doch der körperliche Verfall war damit nicht aufzuhalten. Der zähe Speichel floss wieder. Das Schlucken wurde zur Anstrengung und sie konnte auch das Mitschlucken von Luft nicht mehr verhindern. Geduldig wie ein Lamm ließ sie sich Medikamente und Flüssigkeit einflößen, doch war der letzte Tropfen hinunter, konnte es passieren, dass alles bei einem Aufstoßen wieder herauskam. Wir fingen von Neuem an, Tücher und Brechschale in Griffweite. Sie schaute mich ergeben an, als wollte sie sagen: Tut mir leid, ich kann nichts dafür.

Die Fahrten zum Arzt mussten eingestellt werden. Sie war nicht mehr transportfähig.

An mir zeigten sich Ermüdungserscheinungen. Einmal gab sie vorwurfsvoll zu verstehen: "Ich rufe schon die ganze Zeit und du sagst nichts!" Beim Bett sitzend, war mir der Kopf auf eine Lehne gesunken – einfach eingeschlafen, ohne noch etwas zu hören! Trotzdem war das Angebot der Heimpflege, eine Nachtwache zu organisieren, keine Option. Wie hätte sie sich Fremden gegenüber verständlich machen können? Es war meine Aufgabe, für sie zu tun, was noch getan werden konnte.

Am Morgen war das Zimmer eine Oase der Ruhe. Sie lag auf der Seite, überall mit weichen Kissen unterpolstert. Sie reagierte beim Lagern sehr feinfühlig. Man musste immer wieder fragen: Ist es richtig so?

oder so? und an diesem oder jenem Polster rücken. Das Kopfkissen musste noch um eine Winzigkeit verschoben werden, oder das Ohr lag nicht richtig, bis es dann stimmte.

Bei Sonnenaufgang nahmen die Wolken über dem Horizont stetig wechselnde Farbtöne an und wir schauten lange in den heller werdenden Himmel, ohne dass ein Wort fiel. Keine Schmerzen störten. Keine Bitterkeit.

Um etwas zu sagen, sagte ich: "Du machst mir Sorgen." – Keine Antwort.

"Machst du dir keine?"

Nein, deutete sie an. Seit geraumer Zeit schon hatte es auch keine Tränen mehr gegeben. Angst und Hoffnung lagen endgültig hinter ihr. Nicht aber ihr Weltinteresse. Sie machte eine Bewegung mit den Lippen: "Erzähl weiter!"

Mir kam etwas in den Sinn: "Auf eine Art würde ich doch gerne tauschen mit dir."

"Warum?", fragte sie.

Wegen ihrer Mutter. "Du bist näher bei ihr, das ist ungerecht."

Sie machte eine feine Nein-Bewegung. Nichts da! war daraus zu lesen, warte du ab!

"Es mag sein, dass sie uns ganz nahe ist", sagte ich, "wir sehen sie nur nicht." Konnte die Art von Glasscheiben zu einem Vergleich dienen, die von der einen Seite aus alles zurückspiegelten, aber von der anderen durchsichtig waren? "Wir blicken von unserer Seite nicht durch, weil wir den Sinn nicht besitzen für die feinen Strömungen auf der anderen Seite. Uns spiegelt sich nur die Alltagswelt, die wir um uns haben. Aber von drüben sehen sie uns."

Sie blickte mich wach und nachdenklich an. Am

liebsten wäre mir jetzt eine respektlose Gegenbemerkung gewesen, eine ihrer Spezialitäten in früheren Zeiten. Aber es musste wohl zu anstrengend sein; sie schaute nur in Erwartung, wie es weiterginge.

"Stelle ich mir jedenfalls so vor. Sie helfen uns sogar. Hast du das nie gemerkt? Morgens beim Aufwachen: Eine Antwort, wo man am Abend vorher weder aus noch ein gewusst hatte?"

Sie gab ein Zeichen, dass sie etwas sagen wollte. Die Lippen bewegten sich. Es war nicht zu verstehen und sie musste es wiederholen, bis es deutlich genug war: Telefon!

Beim Öffnen der Türe war es dann natürlich zu hören. "Seltsam", murmelte ich, "werde ich langsam schwerhörig?" Und ging um abzunehmen.

Das Selberlesen hatte sie aufgeben müssen. Eines Tages war es nicht mehr gegangen. Von da an war die Reihe wieder an mir vorzulesen. Reglos lag sie dann mit geschlossenen Augen. Doch daraus den Schluss zu ziehen, die Worte erreichten sie nicht, war ein Irrtum, den sie schnell korrigierte: Zu Protest langte es ihr noch allemal, wenn man vorzeitig aufhörte.

Die Bücher, die schon gelesen waren, ergaben einen Stapel von respektabler Höhe. Noch höher war der Stapel der ungelesenen. Ein besonders geliebtes Buch ließ sie sich noch einmal in einem Zug vorlesen über manche Tage hinweg, wie um Abschied zu nehmen davon. In solchen Zeiten brauchte man keine Angst zu haben um sie; sie lebte so sehr mit in der Erzählung, dass alles andere zu warten hatte.

Melanies ältere Schwester saß bei ihr und ringsherum lagen Kartons und Schächtelchen. Die beiden hatten sich ihr Leben lang ihre kleinen und großen Geheimnisse erzählt und es gab auch jetzt keine Verständigungsprobleme. Sie hatten zu tun. Es war der Tag vor Ostern und die Osternester für die Kleinen wollten vorbereitet sein. Diesmal wurden sie nicht nur mit Eiern und Naschereien gefüllt; Melanie verteilte auch ihren kleinen Schatz an Habseligkeiten. Sie hatte genaue Vorstellungen, was jeder bekommen sollte und die kleinen Dinge, die an den Tag kamen, fanden ihren Weg in die richtigen Behältnisse. Die Tür war verschlossen, damit niemand hereinplatzte und die Überraschung entdeckte.

Am Ostermorgen beobachtete sie am offenen Fenster, was sich abspielte auf der Terrasse: Das aufgeregte Hin und Her, das Flüstern, wo suchen, die kleinen Jubelrufe, wenn das Versteck entdeckt war, das Sich-Einfinden am Fenster, um es bekannt zu geben. Alle kamen zu ihr, nachdem die Körbchen gefunden waren, und sie bekam von jedem einen Kuss und viele, viele Dankeschön.

Es wurde ein sonniger Tag, spät im April, den wir am Fenster verbrachten, fast schon wie in der ersten Sommerfrische. Draußen spielten die Kleinen vor den blühenden Bäumen. Am Fußende des Bettes lag Züssi und schnurrte. Die Geschwister schauten herein und setzen sich zu uns. Melanie ließ sich vorlesen aus Büchern, in denen die Stimmung des heutigen besonderen Tages atmete.

Wir waren alleine und niemand störte unsere Unterhaltungen. Von außen mussten sie sich recht einseitig angehört haben, auf Melanies Seite beschränkt auf spärliche Andeutungen mit den Lippen. Doch ihr Geist war wach wie eh und je und wenn das Richtige getroffen wurde, blitzten ihre Augen regelrecht. Sie wollte weiter von ihrer Mutter hören.

Aus Briefen und aus der Erinnerung ließ sich ein Bild zeichnen von ihr, wie sie gewesen sein musste, nur wenige Jahre älter als Melanie: Jung, schön, begehrt, selber voller Begehren und gleichzeitig abweisend wie eine uneinnehmbare Festung. Jetzt erst fügten sich auch für mich die Einzelheiten zu einem Ganzen. Unsere Wünsche waren die eine Seite gewesen; die Spur, die das Schicksal hineinzeichnete, die andere. Dinge wurden verständlich, die ein Vierteljahrhundert zurücklagen.

Es gab da einen alten Brief von ihr an ihre Schwester: Jubel, und wieder Jubel! Zum ersten Mal richtig verliebt! Dreimal unterstrichen! Ausführliche Schilderungen der glücklichen Augen-Blicke folgten. Sie lebte im Mittelpunkt der Welt, frei und ungebunden, das Leben nahm sie mit in vollem Strom.

In ihren weiteren Briefen jedoch gab es keinen Hinweis mehr auf den Herzensbrecher. Melanie musste sich begnügen mit der Fortsetzung, wie ich sie gehört hatte und aus dem Gedächtnis nacherzählte: Nach einem wundervollen Abend voller Licht und Musik war sie dahin geschmolzen. Der Mann ihres Herzens konnte Besitz ergreifen von dem, was ihm uneingeschränkt anzugehören schien. Dachte er.

Doch das, was sie ihm zu schenken wünschte zu ihrer Zeit, wollte er sich nehmen, sofort. Der weitere Verlauf des Abends war dann weniger lustig, bis sie endlich nachhause wollte. Dummerweise war just in dem Moment das Auto kaputt und die letzte Bahn war auch weg. Sie ging trotzdem, die Hoffnung auf Ritterlichkeit und Begleitung begrabend. Eine weitläufige Stadt und dunkle Straßen zu Fuß, allein im Winter ... Die Kälte der Nacht musste es gewesen sein, die die Glut zum Erlöschen brachte.

Später kam er ihr nachgereist. Sie lebte an einem anderen Ort, hatte eine eigene Wohnung und verdiente ihr eigenes Geld. Eines Tages stand er da. Sie hörte sich freundlich eine Beichte an, händigte den Wohnungsschlüssel aus, zeigte die Vorräte im Kühlschrank und wünschte angenehmen Aufenthalt, bevor sie zur Arbeit ging. Das war's. Unverrichteter Dinge reiste er wieder ab. Es war der Sommer, in dem wir uns kennen lernten.

Die Angelegenheit schien Melanie zu gefallen, sie wartete auf mehr. Ich war etwas in Verlegenheit, weil sich nicht recht erläutern ließ, was an mir hätte besser gewesen sein sollen und womit ich die Zuneigung verdiente, die ein Leben lang nicht erkaltete. Erklären ließ es sich eigentlich nicht, aber es war so, wie es war – als ob irgendwie jemand mitgeholfen hatte aus einer anderen Sphäre.

Ihr Blick kam ein wenig zweifelnd. "Doch, doch", beharrte ich, "es war wirklich seltsam. Mein Leben wäre öde gewesen sonst."

Sie lächelte. Lächeln war das Einzige, das ihr die Krankheit nicht hatte nehmen können.

Unsere Gespräche gingen immer weiter. Von Zeit zu Zeit mussten wir unterbrechen, um dem Wenigen gerecht zu werden, was der Körper noch brauchte: Medikamente und Trinken und Pflege. Erschöpfung forderte ihren Tribut und sie nickte ein. Dann fanden wir uns von Neuem und knüpften an, wo wir stehen geblieben waren. Es gab nicht mehr viel, für das sie die Augen aufmachte, aber ein unfertiger Gedanke war wie ein feiner Stich: Er wollte zu Ende gedacht werden. Im Einzelnen waren die Fragen, die sie hatte, wenn sie die Lippen bewegte, manchmal nicht mehr zu verstehen. Doch es war nicht wichtig; uns umhüllte eine Welt des Verstehens auch ohne Worte.

Draußen schien die schönste Frühlingssonne. Der Birnbaum am Hang unter dem Fenster stand in voller Blüte und sah aus wie ein großer Blumenstrauß. Melanie lehnte aufrecht gegen das Rückenteil des Bettes und beim Füttern passierte, war schon lange hatte befürchtet werden müssen: Sie verschluckte sich. Der Körper geriet in Zuckungen unkontrollierbarer Reflexe, es war kein Husten und kein Erbrechen, aber eine Art qualvolles Aufbäumen, um das Verhängnis abzuwenden. Der Oberkörper rutschte seitlich weg, der Kopf knickte um ...

Es ging noch einmal gut. Aber um die Magensonde führte kein Weg mehr herum, wenn sie nicht ersticken wollte, soviel war sicher. Es war nur zu hoffen, sie würde es einsehen. Sie lag ermattet da, und mir waren die Knie weich. Wir schauten uns an. "Melanie", sagte ich bittend, "es geht nicht anders, ich glaube, wir müssen ..."

Manchmal konnte sie noch erstaunlich gut sprechen. Sie bewegte die Lippen, bevor noch lange Erläuterungen von mir einsetzten. "Gut, du hast gewonnen!", sagte sie leise, aber deutlich. Erleichtertes Aufatmen! Es würde schon nicht so schlimm werden, hoffentlich.

Arzt und Heimpflege hatten längst für die Sonde gestimmt. Wir besprachen die Angelegenheit und noch am gleichen Abend war es getan. Die Sonde saß und die Probleme waren vom Tisch. Die Nahrung ließ sich nicht nur durch den Schlauch einführen, sondern auch das sich bildende Gas aus dem Magen ableiten. Das Erbrechen hörte auf.

Das Frühstück am nächsten Morgen kam für sie per Schlauch. Sie schielte grimmig auf ihre Nasenspitze, wo die Sonde ins Innere verschwand. Langsam wanderte der flüssige Brei vom Behälter durch die Sonde. Anfangs sichtbar, ging er dann durch Nase, Rachen und Speiseröhre in den Magen. Sie konnte dabei in jeder beliebigen Stellung liegen. Das Leben war um vieles einfacher geworden für alle.

Zufrieden war sie trotzdem nicht. Sie hatte sich alles noch einmal durch den Kopf gehen lassen und wollte mit mir reden. Als wir fertig waren, bewegte sie die Lippen.

"Ich bin sauer auf dich!", flüsterte sie.

"Warum?", entfuhr es mir, "wegen der Sonde?"

"Ja", machte sie.

"Aber du weißt doch ...", kam mein lahmer Einwand.

"Ich will keine Sonde mehr!"

Eigentlich war nachvollziehbar, dass sie sich überrumpelt fühlte, aber wie weiter? Ohne viel an Nahrung hätte sie bleiben können; in all der Zeit war sie kaum abgemagert. Aber es ging nicht ohne Flüssigkeit! In kurzer Zeit vielleicht schon hätten sich fatale Folgen gezeigt.

Doch eine Diskussion darüber fand nicht statt, weil die Pflege dazwischen kam. Später dann war sie allein zu einem Entschluss gekommen: Die Sonde durfte bleiben. Aber sie nahm keinen Anteil mehr daran, als wäre es etwas, das nicht zu ihr gehörte. Sie wollte weder wissen, was man in der Küche Feines zusammenbraute für sie, noch im Mund probieren, was möglich, ja wünschenswert gewesen wäre. Sie ließ es nur noch geschehen mit sich.

An einem Morgen war der rechte Arm schwarz,

vom Handrücken bis knapp über den Ellbogen. Ein Tuch musste darüber geworfen werden, damit er nicht unversehens in ihr Blickfeld geriet und sie erschreckte. Das Rätsel beschäftigte uns, bis im Laufe des Tages die Lösung gefunden war: Die Haut war dünn und brüchig geworden – eine Nebenwirkung des Cortison, dessen Möglichkeiten erschöpft waren – und durch das Blutdruckmessen hatten sich kleine Blutergüsse gebildet, unzählige schwarze Punkte dicht an dicht. Dabei hatte es kaum noch etwas zu messen gegeben. Der Blutdruck war auf Tiefstwerte gefallen, während der Puls schnell ging wie das Flattern eines verirrten Vögelchens. Aber sie hatte keine Beschwerden.

Die Kinder gingen behutsam um mit ihr, ohne die Lage ganz zu durchschauen. Sie sahen, dass der Körper nicht mehr wollte, aber es war nach wie vor die vertraute Melanie, die ihnen nicht fremd geworden war und von der sie das Undenkbare nicht denken konnten. Sie versuchten, die Tränen zurückzuhalten bei der Mitteilung, dass ihre Schwester sterben würde.

Bei ihren Sprechversuchen ließen sich Wörter, die immer wieder vorkamen, noch erraten. Anderes war kaum mehr verständlich. Um die Kommunikation nicht abreißen zu lassen, erfanden wir etwas Neues. Wir buchstabierten. Wenn sie etwas antworten oder selber sagen wollte, musste von mir das Alphabet heruntergeschnurrt werden. Bei dem gewünschten Buchstaben gab sie ein Zeichen, indem sie die rechte Augenbraue hochzog. Dann wieder das Alphabet und der nächste Buchstabe, bis wir es hatten. Aber die Sache war mühsam. Zwiegespräche waren auf diese Art recht zeitraubend.

In der Buchhandlung am Ort fiel mein Blick zufällig auf das Buch der Frau, die zu Fuß mit ihren Kamelen durch die australische Wüste gewandert war. Im Krankenhaus hatte Melanie es im Original gelesen, obwohl viele Feinheiten der fremden Sprache ihr entgangen waren. Würde sie es noch einmal hören wollen, in der Übersetzung?

Sie freute sich wirklich, als sie den Fund sah. Wir ließen alles stehen und liegen und gingen auf eine weite Reise. Melanie war unermüdlich dabei. Solange wir lasen, waren wir wieder in einer Welt, in der alles andere unwichtig wurde. Ich las langsam, von früh bis spät, schmückte spannende Stellen aus und zog die Sache in die Länge. Die lange Fahrt hätte noch viel länger sein dürfen, aber die Strecken, für die die Autorin Monate gebraucht hatte, waren von uns schon in Tagen zurückgelegt. Wir kamen an das Ende der Reise, die Weiten des Kontinents lagen hinter uns und das Buch musste weggelegt werden, weil es ausgelesen war.

Ich fühlte mich erschöpft und wollte mich für eine Minute ausstrecken auf mein Lager neben ihrem Bett. Aber sie ließ mir keine Ruhe. Sie gab Laut, wieder und wieder. "Lass mich noch einen Augenblick liegen", bat ich, benommen von plötzlicher Müdigkeit. Doch sie wollte etwas und es war ihr ernst damit! Sie wollte nicht warten! Ich erhob mich ächzend und setzte mich zu ihr.

Zuerst musste die Reihe der Wünsche durchgegangen werden, die sie vielleicht haben mochte: Drückte etwas? Umlagern? Massieren? Etwas anderes vorlesen? Immer machte sie Nein! mit der Augenbraue. Also fingen wir an zu buchstabieren. Das erste war ein R. Dann folgten A, U, S.

"Rausgehen" konnte das bedeuten. "Willst du nach draußen?"

Sie machte ein Ja und eine zufriedene Miene, dass es erraten war.

"Wirklich? Richtig mit Anziehen und Spaziergang?"

Wieder ein Ja. Wir waren schon lange nicht mehr laufen gewesen, aber warum nicht? Die Kleinen hatten gehört, um was es ging und rannten, ihre Rollschuhe zu suchen. Melanie wurde angezogen, doch viel war nicht nötig. Es war warm.

Sie lag im Rollstuhl in der Liegestellung und wir liefen gemächlich die Straße entlang. Sie sah aus wie jemand, der die Freuden des Augenblicks genoss, mit einem kleinen Lächeln auf dem Gesicht. Die Kleinen liefen voraus.

An einer Stelle öffnete sich der Blick in die Weite und die Landschaft dehnte sich bis zum Horizont. Wir hielten an. Weiter kamen wir nicht, weil der Weg von nun an abschüssig wurde. Ich bot an, den Bus zu holen und mit ihr eine kleine Fahrt zu machen. Aber sie wollte nicht. Sie wollte nichts anderes, als einfach nur hier sein und schauen, die Sonne im Gesicht fühlen und den Wind in den Haaren, die schon wieder nachgewachsen waren, und rings um sie den Duft von Frühling und Wald und Feldern ...

Am nächsten Morgen musste am Rollstuhl eine letzte Verbesserung angebracht werden. Melanie schaute zu von ihrer Seite des Fensters. Als die Arbeit beendet war, gab sie Laut. Sie wollte umgelagert werden. Aber es war auch noch etwas anderes, dass sie auf dem Herzen hatte. Es musste etwas Ungewöhnliches sein. Um uns zu verständigen, buchstabierten wir.

Zuerst wollte es nicht gehen. Fast das ganze Alphabet war durchlaufen, aber ihr Ja-Zeichen kam nicht. Ich fing wieder von vorne an, langsam und fragend. Aber immer war es ein Nein. Als sie endlich Ja machte, war es das Z. Es war mein Fehler, ich hatte einfach keine Geduld gehabt. Auch bei den nächsten Buchstaben musste das Alphabet bis fast ans Ende durchgegangen werden. Es kam ein U, danach ein W. Viel ließ sich damit noch nicht anfangen. Dann folgten E,N,I,G,L. Ich konnte es immer noch nicht erraten.

Es kam ein U. Mir stockte der Atem, als plötzlich klar wurde, was sie mitteilen wollte: Zu wenig Luft! Die Lähmung hatte schon seit Monaten die Atmung beeinträchtigt, aber sie hatte nie geklagt. Auch jetzt zeigte sie keine Anzeichen von Panik, es war nur eine sachliche Mitteilung.

"Hast du wirklich zu wenig Luft? Soll ich die Fenster weiter aufmachen?", war meine besorgte Frage. Nein, machte sie. Es waren nicht Fenster. Es war: Zu wenig Luft! Eine Weile schauten wir uns nur an. Vielleicht, dass es etwas Vorübergehendes war. Ich fragte noch einmal: "Und jetzt?"

Doch sie blieb dabei: Zu wenig Luft. Sie formte das Wort nun auch mit den Lippen, dass es erkennbar war: Luft, Luft ... Nach einem Telefonanruf bei der Heimpflege kamen sie kurze Zeit später mit einer Sauerstoffanlage. Der Sauerstoff wurde durch einen Schlauch in ein Nasenloch geleitet und brachte sichtbare Erleichterung.

Der Tag verging in großer Stille. Manchmal legte sich ein Ausdruck von tiefer Mattigkeit über sie wie eine Wolke, aber sie klagte nicht. Ergeben nahm sie an, was kam. Ruhig lag sie da, wie als ob sie in sich hineinlauschte. Wenn sie wieder wacher wurde, war noch ein Fünkchen von Erwartung in ihren Augen, ob es wohl weiter ginge mit dem, was wir angefangen hatten zu lesen. Am Abend kam lieber Besuch und setzte sich zu ihr. Sie dankte mit einem Lächeln. Sie konnte immer noch lächeln!

Die Nacht verlief friedlich. Als sie rief und umgelagert werden wollte, war das Bett nass. Schon lange war es ein Wunder gewesen, dass sie noch die Kontrolle über die Blase hatte. Jetzt war auch das vorbei. Sie schaute, als ob sie um Entschuldigung bäte. Macht nichts, tröstete ich. Wir wechselten die Wäsche.

Sie wollte etwas mitteilen, aber es war nicht zu verstehen und sie gab es wieder auf. Diesmal hatte sie auf den Rücken gedreht werden wollen, schlief aber nicht, sondern schaute gedankenverloren an die Decke hoch.

Am Morgen zündeten wir wie an jedem Tag eine Kerze an vor ihrem Bett, versammelten uns im Halbkreis um sie und sprachen ein Gebet, bevor es Zeit wurde für den Schulweg. Jeder verabschiedete sich von ihr mit einem Kuss. Danach wurde sie umgelagert und durfte weiter ruhen. In der Küche war für die Magensonde das Wenige an Nahrung und Tee zu bereiten, das sie noch brauchte, und von Zeit zu Zeit ging mein Blick zu ihr, wie weit sie sich aus den Abgründen des Schlafes herausgekämpft hatte.

Mit einem Male war sie hellwach. Sie konnte plötzlich wieder Laute artikulieren. Nahezu vehement versuchte sie etwas zu sagen. Doch es war nicht zu verstehen, die Laute kamen zu verschwommen, auch wenn man genau ihre Mundbewegungen beobachtete. Sie tat ihr Bestes, um mit den Lippen so deutlich wie möglich zu formulieren und ihre Augen hielten mich fest und forderten alles an Konzentration, was aufzubringen war – für einen Augenblick schien es, als müsse es gelingen. Aber dann gelang es doch nicht. Ihr Anliegen wurde mir nicht verständlich.

Es blieb nichts übrig, als die Wünsche durchzugehen, die sie eventuell haben konnte. Ja, sie wollte umgelagert werden. Ja, der Arm lag nicht richtig. Ja, das Kopfkissen war nicht am rechten Platz – aber all das war es trotzdem nicht. Auch in der neuen Lage versuchte sie etwas zu sagen. Ihre Augen sprühten richtiggehend, so sehr versuchte sie, mein Verstehen herbei zu zwingen. Erfolglos.

Blieb nur noch die Möglichkeit zu buchstabieren, so mühsam es auch war. Doch da gab sie auf. Sie machte ein Gesicht wie: Nun ja, so wichtig ist es auch wiederum nicht! Im Stillen musste man ihr recht geben. Was sie hatte sagen wollen, hätte Stunden gedauert, bis es buchstabiert gewesen wäre.

Sie ließ sich neu betten. Danach lag sie entspannt da und blieb stumm. Was sie zu sagen hatte, sagte sie mit den Augen. Sie schaute wie jemand, der ein Rätsel aufgab und, weil man es nicht hatte lösen können, einem bedeutete: Nein, es wird nicht verraten, du musst das selber herausfinden ...

In der Küche waren noch ein paar Kleinigkeiten zu erledigen. Da, auf einmal, war ein tiefer Seufzer zu hören. Sie hatte solche Seufzer schon öfter ausgestoßen, es waren Reflexe der Atemmuskulatur, die sie nicht steuern konnte. Aber diesmal schwang noch etwas anderes darin. Als ich zu ihr trat, gingen ihre Augen ins Leere. Die Atmung kam in angestrengten Zügen und in größeren Zeitabständen. Sie war nicht mehr bei Bewusstsein.

Die medizinischen Gerätschaften konnten beiseite geräumt werden. Sie wurden nicht mehr gebraucht. An ihre Stelle kamen Blumen. Es ging zu Ende.

Es war, als ob die Zeit stillstand, nur die Atemgeräusche waren zu hören. Die Pflege kam und zog sich nach kurzem Blick zurück, um uns allein zu lassen. In der Hoffnung, dass sie es wahrnahm, auch wenn ihr Leben erlosch, las ich lange bewahrte Worte, die sie begleiten sollten und schloss vorsichtig ihre Augenlider.

Doch sie kehrte noch einmal in das Bewusstsein zurück und öffnete die Augen wieder. Ganz groß und dunkel waren sie. Lange schaute sie mich an, der ganz nahe bei ihr saß. Es war wie ein Erkennen und wie ein stilles Einverständnis zwischen uns. Ich verstand, was sie hatte sagen wollen.

Endlich verschleierten sich ihre Augen und sie versank. Die Atemzüge erfolgten in immer größeren Zeitabständen. An der Halsschlagader war noch ein kleines Flackern des Pulses zu sehen. Dann kam, mit einem mattem Seufzer, der letzte Atemzug. Eine zarte Blässe überzog die Haut. Sie sah ernst aus und doch friedlich und schön. Als hätte sie etwas gesehen, das sie mit Freude und Befriedigung erfüllte, zeigte sich ein Abglanz davon auf ihrem Gesicht.

Bis zum Abend waren die Tränen getrocknet und das Zimmer in einen Ort der Weihe verwandelt. Blumen waren eingetroffen, Kerzen brannten und Menschen kamen, um Abschied zu nehmen.

Wir bahrten Melanie bei uns zuhause auf und es war eine Stimmung, als ob sie noch unmittelbar anwesend wäre und an allem teilhatte. Um ihre Hülle war Ruhe und Frieden. Die Freunde, die kamen, setzten sich zu ihr. Neben ihr lag das Tagebuch, das sie mir zur Aufbewahrung anvertraut hatte. Beim Lesen darin erstand ihr ganzes Wesen wieder, wie es damals gewesen war und sich dann verwandelt hatte auf dem langen Weg bis hierher. Die Nächte verbrachte ich wie gewohnt auf meinem Lager neben dem ihren und streckte im Einschlafen den Arm aus nach ihr.

Am Tag der Trauerfeier ließen uns viele Menschen durch ihre Teilnahme wissen, dass wir nicht alleine waren.

Nach der Bestattung kam die Leere, wie wenn sie erst jetzt fortgegangen wäre. Wir begleiteten sie in Gedanken und versuchten, ihr Gefühl der Befreiung von ihrem nutzlos gewordenen Körper nachzuempfinden. In ihrer kurzen Erdenzeit hatte sie sich noch nicht in den Fallstricken des Lebens verfangen und so würde sie auch frei ihren Weg gehen dürfen in lichtvolle Gebiete. Neue Aufgaben warteten auf sie. Und die Begegnung, nach der sie sich gesehnt hatte.

Das Leben kehrte zum Alltag zurück. Man fing wieder an, von anderen Dingen Notiz zu nehmen, zum Beispiel von der Katze Züssi. Ihr Fell war noch seidiger geworden. Sie konnte sich vor lauter Wohlbehagen bald nicht mehr einkriegen und war fett wie ein Fass. Ständig strich sie im Hausinneren herum.

"Pass doch auf! Du!", blitzten mich Kinderaugen an. "Jetzt hast du Züssi fast auf den Schwanz getreten!"

"Was steht sie mir auch immer unter der Fußsohle! Warum schleicht sie eigentlich hier herum? Die soll lieber Mäuse fangen!", gab ich zurück, aber das verminderte die Aufregung nicht: "Ach du! Züssi kriegt doch Junge!"

Aha, so war das also! Dick genug war sie ja.

Züssi kümmerte sich weder um die einen noch die anderen und begab sich wieder auf die Wanderung durch das Haus...

Doch nicht lange und ein feines Miauen war aus der großen Kartonschachtel zu hören, die sie bewohnte in ihrer Ecke. Vier kleine Wolleknäuel krabbelten dort jetzt durcheinander. Alle waren ganz aus dem Häuschen: Oh! und Ah! und Kuck mal!

Züssi lag auf der Seite, zufrieden mit sich und der Welt, und die lieben Kleinen balgten sich schon um die besten Plätze an den Zitzen auf ihrem Bauch. Mit den Pfötchen arbeiteten sie sich vorwärts und kneteten, als gelte es einen Schatz zu graben. Züssi schnurrte behaglich dazu.

Nachtrag

Schlussendlich ergaben sich doch, manches Jahr später, Hinweise zu den Ursachen von Melanies Krankheit: Durch eine Dokumentation über die Wirkungen von Quecksilber, der giftigsten Substanz überhaupt, im menschlichen Organismus. Als Nervengift findet es seinen Weg in das Gehirn und lässt sich mit herkömmlichen Therapien nicht mehr entfernen.

Nicht genug damit dass Quecksilber durch die zunehmende Umweltbelastung in den Körper gelangt, wurde es in Menschen selber implantiert als Amalgam mit seinem Hauptanteil an Quecksilber, für hundert Jahre und länger das Füllmaterial par exellance bei Zahnreparaturen.

Selbst heute noch wird es offiziell als unschädlich gepriesen und weiterverwendet, ungeachtet der Tatsache, dass es durch die nachfolgende lebenslange Vergiftung für eine Vielzahl chronischer Krankheiten, körperliche und psychische, verantwortlich ist und Siechtum und Tod gebracht hat. Bei unsachgemäßer Zahnbehandlung dringt es zudem direkt in die Nervenbahnen der Kiefernbereiche ein und von dort aus in den Hirnstamm.

Quecksilber erstreckt sein tödliches Potenzial über die Generationen hinweg. Die Schädigungen können schon vor der Geburt angelegt sein. Das Gift wird in der Schwangerschaft von den Müttern zu einem Teil weitergegeben an ihre Kinder in dem Versuch des Körpers sich zu reinigen. Aber zu welchem Preis für das neue Leben!

Nachträglich wurde auch der frühe Tod von Melanies Mutter verständlich, ebenfalls ein Leben, das abgebrochen war, kaum dass es seine Mitte erreichte. Noch fast in ihrer Kindheit waren an ihr exzessive Amalgambehandlungen vollzogen worden und damit war ihr Schicksal vorgezeichnet. Dabei hatte sie nicht einmal eine schlechte Zahnsubstanz gehabt. Folgebehandlungen hatten später ihr Übriges getan.

Vom selben Autor

Leben auf Bewährung – Der gemeinsame Weg ins Ungewisse

Vision Familie – Erziehung als Härtetest